D1752288

Bruno Hespeler

Unsere Hunde

Österreichischer Jagd- und Fischerei-Verlag

Bruno Hespeler

Unsere Hunde

Österreichischer Jagd- und Fischerei-Verlag

Bruno Hespeler, Jahrgang 1943, war lange Jahre Berufsjäger und Revierleiter im Allgäu. Er lebt heute als freier Journalist und Sachbuch-Autor in Kärnten.

© 2016 by Österreichischer Jagd- und Fischerei-Verlag,
   Wickenburggasse 3, 1080 Wien

Zeichnungen: Steen Axel Hansen

Bildbearbeitung: Martin Grasberger

Lektorat & Layout & Leitung Produktion: Michael Sternath

Ammah unted meeself! Awgodd!
Buttnevvaevvagi vupole pooha Goof.
Awcawse: Gonnawinnin the end,
mefriend!

Verlagsassistenz und Sekretariat: Angela Pleyel

Vertriebsleitung: Hermann Striednig

Gesamtherstellung: Druckerei Theiss, Sankt Stefan im Lavanttal

ISBN 978-3-85208-139-7

INHALT

Vorweg:
Der Hund als Ausweis des Jägerseins 7

Erinnerungen an „Elch" 17
Dann kam „Ricke" 35
Gebirgsschweißhunde 49
Zur Abwechslung einen Hannoveraner 59
Allerlei Dackeleien 71
Wachtel – eigentlich ein idealer Hund 91
„Iris" – ein gebrochener Schwur 103
„Hexi" 129

CAESAR
2013

Vorweg:
Der Hund als Ausweis des Jägerseins

Im Bewusstsein vieler Menschen gehört zu einem richtigen Jäger einfach auch ein Jagdhund. Das mag damit zusammenhängen, dass im 19. und in der ersten Hälfte des 20. Jahrhunderts Jäger mehrheitlich mit Hund dargestellt wurden. Kaum ein alpenländisches Wirtshaus, in dem nicht die Kopie eines zeitgenössischen Bildes hing, das die Situation Jäger/Förster und Wilderer zeigte. Fast immer war an der Seite des Jägers dessen Hund zu finden. Entweder war es ein Dackel oder ein langhaariger Hund, der dem heutigen Wachtelhund ähnelte. Schweißhund? Eher schon wurde der Förster mit seinem Vorstehhund dargestellt. Interessant, dass bis ins 19. Jahrhundert viele Vorstehhunde im Habitus nicht nur unserem heutigen Deutschen Wachtelhund glichen, sondern auch „Wachtelhund" genannt wurden, gleichwohl waren es keine Stöber- sondern Vorstehhunde. Unzählige Male dargestellt wurde der Jäger in der Almhütte, beim Tisch sitzend, die Zither schlagend, und daneben sein „Daxel".

Der Hund war der unentbehrliche Begleiter derer, die von Berufes wegen auf die Jagd gingen. Im jagdlichen Verständnis jener Zeit war der Hund tatsächlich unentbehrlich. Kaum ein Monat im Jahr, in dem es nichts zu schießen oder zu fangen gab, nichts, das nicht wichtig gewesen und verwertet worden wäre. Suchen und Finden, vor wie nach dem Schuss, das waren fast alltägliche Aufgaben. Ob Rehbock oder Hamster, ob Kiebitz im März oder Haselhuhn auf der Treibjagd, fast jedes Wesen, das Haare oder Federn hatte, wurde gejagt.

Viele alte Rassen sind seit Ende des 19. Jahrhunderts verschwunden oder in neuen Rassen aufgegangen. Dafür begegnen wir heute vielen Jagdhunden, die an der Wende zum 20. Jahrhundert kaum bekannt oder schlicht noch nicht „erfunden" waren. Der deutsche Wachtelhund gehört beispielsweise zu ihnen. Eine „Neuerfindung" ist auch der Deutsche Jagdterrier. Kein Wort noch von Jack-Russel, von französischen Vorstehhunden, Laikas oder gar vom Retriever.

Ein Dackel war immer noch ein Dackel, entweder hirschrot, gewissermaßen eine Taschenausgabe des Schweißhundes, oder schwarz mit rotem Brand, analog zur Brandlbracke. Der heute so beliebte und dominierende Rauhaarteckel wartete noch auf seine Erfindung. Auch der Bayerische Gebirgsschweißhund ist ein relativ spät entstandenes Kreuzungsprodukt, ebenso die Steirische Rauhaarbracke.

Vereine, die sich mit der Zucht von Jagdhunden beschäftigten, entstanden erst nach und nach. Zuchtvorschriften, so es sie überhaupt schon gab, waren vergleichsweise „locker". Man züchtete Hunde für den Jagdgebrauch und nicht für die Prüfung. Da war es auch nicht so schlimm, wenn einmal ein Rüde oder eine Hündin nicht so ganz den aktuellen Vorstellungen entsprach. Hauptsache brauchbar.

Neben den Vorstehhunden waren es vor allem die Dackel, die ständige Begleiter der Förster und Berufsjäger waren. Ein Forsthaus ohne Kurzhaardackel? Kaum vorstellbar. Auch sie wurden nicht gehalten, weil sie so gut zur kurzen Lederhose oder zur Lodenjoppe passten. Dackel waren Arbeitshunde, die den Dachs im Bau festhielten, bis ihn die Jäger gegraben hatten, Fuchs und Marder sprengten, stöberten und nachsuchten. Gerade der Dachs war eine geschätzte Beute, die komplett verwertet wurde. Dachsschwarten lieferten Haare für allerlei Pinsel, das Fett war gut für Salben und Cremen und das Wildbret schlicht für die Küche. Fuchs- und Marderbälge waren fixer Bestandteil des Einkommens von Förstern und Jägern.

Heute kommt uns das so vor, als läge diese Zeit Jahrhunderte zurück. Tatsächlich aber ergänzten noch bis zur Wiedervereinigung der beiden Deutschlands viele Jäger und Förster in der DDR ihren Lebensunterhalt ganz erheblich mit dem Verkauf von Fuchs- und Marderbälgen.

Raue Zeiten für Hunde

Auch in der älteren Literatur, sagen wir so an der Schwelle zum 20. Jahrhundert, finden wir den Jagdhund in der Belletristik schon hochstilisiert als besten Freund und treuesten Begleiter des Jägers. In krassem Gegensatz hierzu stand oft die Behandlung, welcher viele Jagdhunde damals ausgesetzt waren. Man muss mit vielen Jagdhunden „der guten alten Zeit" postmortal großes Mitleid haben! Vor allem die Vorstehhunde waren oft arme, geschundene Kreaturen; ihre „Ausbildung" war oft brutale Folter. Mancher in Ehren ergraute „Hundemann" wird ob so viel „Lüge und Infamie" rasch nach seinen Blutdrucktabletten greifen. Aber was hier geschildert wird, war die Realität und – wenn auch weniger werdend – sogar bis in die Mitte des 20. Jahrhunderts hinein.

Oswald schrieb 1890 in seinem Buch „Der Vorstehhund...": „Das Herz muß einem fühlenden Menschen brechen, wenn er sieht, wie abscheulich der gute Vorstehhund an den Korallen herumgerissen; wie er an denselben bis zum Ersticken aufgehängt, wie er mit knotigen Peitschen geprügelt, wie er mit Füßen grausam getreten; wie er barbarisch angeschossen wird."

Diezel, einer der ganz großen Heroen der Niederwildjagd, schrieb noch 1912 in seinem Standardwerk „Erfahrungen auf dem Gebiete der Niederjagd": „Leider wird zu oft ein mehrere Monate dauerndes Herumzerren des armen gequälten Tieres an der Korallenleine, tägliches Aufhängen und Prügeln bis zur Bewusstlosigkeit für feste Dressur ausgegeben."

Es ließen sich noch viele Autoren jener Zeit zitieren. Dass sie im 20. Jahrhundert nach und nach weniger wurden, lag nur zum Teil an einer schleichenden „Humanisierung" der Jagdhundedressur. Entscheidend waren dabei eher das Aufleben des Tierschutzgedankens in der Öffentlichkeit und das erzwungene Zusammenstehen der Jägerschaft durch das Regime. Das Schlagwort vom „Nestbeschmutzer" für jeden, der Missstände nannte oder gar kritisierte, galt bis ans Ende des 20. Jahrhunderts. Nicht die Täter waren zu verurteilen, sondern jene, die die Täter nannten.

Der Strafschuss mit Schrot, etwa wenn der Hund unerlaubt einen Hasen hetzte, gehörte noch in meinen Anfangsjahren als Berufsjäger sozusagen zum Grundkapital der Ausbildung und hielt sich bis lange nach dem Zweiten Weltkrieg. Erst nach und nach verzichteten immer mehr Jäger auf dieses barbarische und schlicht unverantwortliche Mittel. Wer Zweifel hat, bediene sich des Internets, wo heute noch über die Vertretbarkeit des Strafschusses diskutiert wird. Der Strafschuss mit der Gummischleuder, der nicht weniger schmerzhaft und verletzend sein kann als der mit der Flinte, hat sich bei manchen Unverbesserlichen ohnehin bis heute gehalten. Auch die spitz zugeschliffenen Korallen gehörten in meiner Jugend noch zu den angeblich unverzichtbaren Hilfsmitteln der Hundeabrichtung; sie wurden von allen namhaften Jagdausrüstern angeboten. Die Bilder, die ich bei manchen der damaligen Heroen der Gebrauchshunde-Dressur und der Niederjagd sah (die Fallenjagd war kaum besser), ließen mich diesem Teil der Jagd sehr schnell Adieu sagen. Im Gebirge, und überhaupt in reinen Schalenwildrevieren, ging es zivilisierter zu, auch wenn das absichtliche Krankschießen von Schalenwild zur Einarbeitung des Schweißhundes selbst in renommierten Lehrwerken noch lange propagiert wurde. So schrieb Herzog Ludwig Wilhelm in Bayern 1963 in seinem Lehrwerk für Gebirgsjäger „Die Jagd im Gebirge": „Wenn nötig, muß man eben für den Hund von Zeit zu Zeit ein Stück anschießen, damit er gleich anfangs öfters zum Hetzen kommt."

Man muss aber der Gerechtigkeit halber sagen, dass es, was den Umgang und die Wertstellung eines Jagdhundes betrifft, schon immer große Unterschiede gab. Der Weg zur perfekten Feldarbeit, zur Suche, zum sicheren Vorstehen und Apportieren war schon immer der härteste. Der Berufsjäger oder Förster, der die ganze Woche hindurch mit seinem Hund am Berg unterwegs war, mit ihm gemeinsam auf der Hütte übernachtete, hatte ein anderes Verhältnis zu diesem als der Jäger, dessen Hund sechs Tage im Zwinger darauf wartete, endlich ins Revier zu dürfen. Natürlich sind diese Aussagen – zwangsweise – plakativ. So waren die Jäger, die in ihren Hunden „Arbeitskameraden" sahen, nicht auf ein oder zwei Berufsgruppen beschränkt und nicht auf einen bestimmten Reviertyp. Sicher ist jedoch, dass das Verhältnis zwischen Mensch und Hund enger und – beidseitig – verständiger wird, je mehr beide zusammen sind. Es macht einen fundamentalen Unterschied, ob mein Hund draußen im Zwinger den Tag erleidet oder ob er neben meinem Schreibtisch liegt! Dass letztere Variante viele Hundeführer bevorzugen würden, wäre es ihnen nur möglich, sei nicht bestritten.

Jagdhunde begannen ihre Laufbahn durch die Jahrhunderte mehrheitlich als angsterfüllte Rekruten und brachten es selten weiter als bis zum Unteroffizier. Selten gelang es einem von ihnen „drei Sterne" zu erreichen. Viele Jagdhunde hätten jedoch durchaus Generalsqualitäten gehabt, wären sie nicht von einem Menschen kommandiert und ausgebremst worden, dem es in Sachen Hundeführung kaum zum Feldwebel reichte! Die höchsten Ränge erklommen – um in der militärischen Sprache zu bleiben – immer noch die Schweißhunde. Bei der Einarbeitung auf der Fährte wäre eine Rute, ein Steinwurf, eine Koralle, ein Elektroimpulsgerät für den größten Trottel undenkbar. Dass ein

Jäger seinen im Schuss rollierenden Hasen selbst aufnehmen und tragen muss, soll vorkommen, gleichwohl kann es der Jäger. Darüber, dass er hingegen einen laufkranken Rehbock niederzieht, wurde nichts bekannt. Hier trumpft nur der Hund!

Alles ändert sich

Der globalisierte Markt und die von ihm abhängige Landwirtschaft sorgten in den letzten Jahrzehnten dafür, dass die Niederwildjagd radikal an Bedeutung verlor. Umgekehrt boomt das Schalenwild. Vor hundert Jahren konnte man etwa in Teilen der Kärntner Nockberge noch Rebhühner jagen, und Niederwild gab es in Unterkärnten überall. Das war die Zeit der Vorstehhunde. Rotwild hingegen gab es im selben Zeitraum fast überhaupt keines, und Rehe waren eher rar; die Zeit der Schweißhunde war das nicht. Das alles hat sich ins Gegenteil verkehrt. Die Vorstehhunde sind weniger geworden; das Niederwild und somit die Arbeit sind ihnen abhandengekommen. Geblieben sind ihnen – ziemlich unverändert – die Prüfungsordnungen und die Anforderungen in der Ausbildung. Das Auto und ein paar Beziehungen machen es möglich, dem Hund aus Kärnten, Tirol oder Vorarlberg im Burgenland oder in Niederösterreich einen Hasen zu zeigen, damit er wenigstens einen vor der Prüfung gesehen hat. Gewiss, das klingt sarkastisch, kommt aber der Realität verdammt nahe.

Immer mehr Jäger fragen sich, warum sie sich den nicht geringen Aufwand antun, einen Vorstehhund entsprechend seinem traditionellen Arbeitsgebiet einzuarbeiten und auf einer Gebrauchsprüfung zu führen? Das führt nicht zuletzt dazu, dass man zwar einer Rasse treu bleiben möchte, aber auf Ahnentafel und Prüfung gar keinen so großen Wert mehr legt. Und ob der eigene Jagdkamerad bis aufs letzte Haar dem niedergeschriebenen Rassestandard entspricht, ist dann auch nicht mehr so wichtig. Andererseits haben fünfzig oder gar hundert Jahre „Reinzucht" bei fast allen betroffenen Rassen vielfältige Spuren hinterlassen. Hüftgelenksdysplasie, Hautallergien, Epilepsie, Linsenluxation und noch viel mehr Defekte werden heute fast schon als normal hingenommen. Natürlich – bitte nicht missverstehen! – betreffen diese Probleme nahezu alle über lange Zeiträume rein gezüchteten Hunde – nicht nur die Vorstehhunde. Diese Probleme gibt es im Bereich der landwirtschaftlichen Tierzucht ebenso, egal ob es sich um Pferde, Schweine oder Rinder handelt. Von ihren zuchtbedingten Gebrechen lebt ein ganzer Berufstand und mit ihm eine ganze Sparte der pharmazeutischen Industrie!

Im Schwarzwald begegnete man in meiner Jugend hin und wieder einem relativ hochläufigen Kurzhaardackel, der auch sonst nicht immer dem Rassestandard eines Dackels entsprach. Vielleicht waren seine Ohren etwas zu kurz oder zu lang, oder seine Brust, die Länge und Härte seines Haars waren nicht in Ordnung. Vielleicht hatte er eine weiße Schwanzspitze? Bei so einem Hund handelte es sich fast immer um das, was man einen „Wälderdackel" nannte. Das waren bäuerliche Jagdhunde, ohne Ahnentafel und Prüfung, die den Verhältnissen des Schwarzwaldes angepasst waren. Vor allem der Mittlere Schwarzwald ist bis heute geprägt von zahlreichen bäuerlichen, überwiegend aus Wald bestehenden Eigenjagden. Noch etwas kennzeichnet den Schwarzwald – Blockfelder, sowie viel und oft früher Schnee! Jetzt fehlt nur noch ein Merkmal, das den damaligen Wälderdackeln die Existenz sicherte – der „Geiz" der Bauern, den man durchaus auch Vernunft nennen durfte. Keiner von ihnen wäre weiß Gott wohin gefahren, um seine Hündin decken zu lassen oder sich gar irgendwo für teures Geld einen Welpen zu kaufen. Die große Zeit der Wälderdackel war jene, in der es auch für das Schwarzwälder Vieh keine Leistungszucht im heutigen Sinne gab.

Diese Wälderdackel litten gewiss nicht unter „Reinzucht". Doch mit ihren etwas längeren Haxen waren sie in den Blockfeldern und im frühen Schnee jedem unter „Formwert sehr gut" leidenden Teckel nordischer Gefilde überlegen. Da ihre Bälge nicht postmortal der Pelzindustrie zugeführt werden sollten, mussten sie ihre Träger nur vor Nässe und Kälte schützen, der Rest war egal. Die Prüfung eines Wälderdackels kannte keine besondere Form, und die allfällige Prüfungsgebühr wurde in „Chrisiwässerli" – Kirschgeist – oder etlichen Vierteln Rotwein ausbezahlt, dies aber auch nur dann, wenn der Führer des Hundes bei einer der bäuerlichen „Triebjagden" (kleine Riegeljagden) zufällig am meisten geschossen hatte. Sprich: Die Bewährung im jagdlichen Alltag stellte die Prüfung dar, geschrieben wurde gar nichts. Die Teilnehmer solcher Jagden erlebten, was die einzelnen Hunde leisteten, und wenn sie einen Welpen oder einen Deckrüden suchten, erinnerten sie sich an das bei der Jagd Gesehene.

Nein, ich schreibe das nicht, um den Wälderdackel neu aufleben zu lassen. Er ist nur ein Beispiel dafür, wie einfach, wie pragmatisch und unkompliziert früher an Führung und Zucht von Hunden herangegangen wurde. Übrigens – der Wälderdackel hat nicht nur überlebt, er erfährt sogar eine Renaissance. Vor Jahren hatten ihn etliche Jäger neu entdeckt und einen Verein gegründet. Unglaublich, aber jetzt gibt es sogar schon Zucht- und Prüfungsordnungen und einen Rassestandard. Es geht wieder aufwärts!

So, was ich bis hierher geschrieben habe, hat mir genug neue Kritiker und Feinde eingebracht. Es lässt sich ja auch hervorragend missverstehen und fehlinterpretieren. Doch es war kein Aufruf, die eine oder andere Jagdhunderasse als nicht mehr notwendig zu verstehen. Auch die Vereine und Verbände sollten nicht in Frage gestellt werden. Aber vielleicht lohnt es sich, das eine oder andere in Zucht- und Prüfungsordnungen zu überdenken? Die Zeit bleibt nicht stehen, und sie wird Einsprüche weder von uns noch von anderen annehmen. Sie lässt uns, wenn wir ihr nicht flott folgen, einfach stehen und verleiht uns Reliktstatus.

Ein letztes Zitat sei gestattet. Es stammt von Manfred Hölzel, zu finden in seinem bereits 1986 erschienen Buch „Die deutschen Vorstehhunde": „Mehr und mehr wird unser Vorstehhund zum Stöberhund und zum Jagdgebrauchshund nach dem Schuss. Ruhiges Wesen, Vorwärtsdrang und Härte sind dazu wichtiger, wie weite und schnelle Suche und festes Vorstehen."

Die Arbeitsfelder der verschiedenen Jagdhunde werden sich weiterhin ebenso ändern wie das, was uns die Gesellschaft bei Einarbeitung und späterem Einsatz des Hundes gestattet. Österreich ist jagdlich immer noch eine Insel der Seligen, doch auf Dauer lassen sich die bei unseren Nachbarn längst vollzogenen Änderungen nicht aussperren.

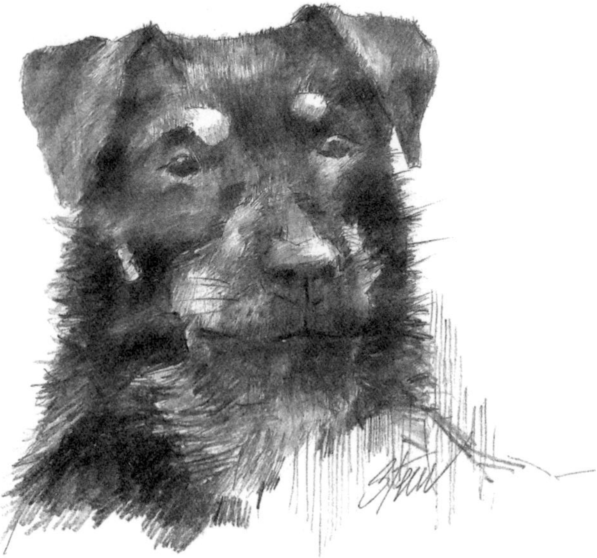

Erinnerungen an „Elch"

Der erste Hund

In meinem Elternhaus gab es ursprünglich nie einen Hund. Das hat sich erst geändert, als ich anfing, mit auf die Jagd zu gehen. Die Jägerprüfung konnte ich damals noch nicht ablegen, weil ich zu jung war, aber ich hatte nicht nur jagdlichen Umgang, sondern las bereits eifrig Jagdzeitschriften. In denen war nicht nur viel über den Einsatz der verschiedenen Jagdhunderassen, ihre Arbeitsgebiete und ihre Eigenarten zu erfahren. In jedem Heft fanden sich über eine oder gar zwei Seiten hinweg auch „Angebote". Diese Seiten waren für mich als Bub mindestens ebenso interessant wie der redaktionelle Teil dieser Zeitschriften.

Nun hat ja jeder, der sich für einen Hund interessiert, bestimmte Vorstellungen und Vorlieben. Ja, es gibt Menschen (keineswegs nur Jäger), die entscheiden sich einmal für eine bestimmte Rasse und bleiben dieser lebenslänglich treu. Sie führen oder züchten immer nur diese eine Rasse, seien es nun Dackel, Setter oder Schweißhunde. Zu ihnen gehörte ich nie. Wohl aber faszinierten mich besonders solche Hunde, die ich näher kennenlernen durfte. Daher war mein erster „Schwarm" ein mahagoniroter Irischer Setter. Einer der Mitjäger des Reviers, in dem ich mit zur Jagd gehen durfte, der alte einäugige Isidor, führte einen solchen. Nun sind Setter Feldhunde, in erster Linie gedacht zur eleganten, raumgreifenden Suche von Federwild. Aber der alte Isidor suchte mit seinem Setter durchaus erfolgreich auch das eine oder andere Reh nach. Das also war der erste Hund meiner Träume, und er wäre perfekt gewesen, hätte er nicht einen winzigen, gleichwohl entscheidenden Nachteil gehabt: Setter waren nämlich damals schon so groß, dass man sie nicht in einen Rucksack stecken konnte! Genau das erwies sich aber als unverzichtbare Notwendigkeit. Die Sache war nämlich die, dass es von meinem Elternhaus bis ins Revier immerhin fünfundzwanzig Kilometer waren, die ich anfangs mit dem Radel und später mit dem Moped zurücklegen musste. Eine solche Strecke konnte kein Hund laufen. Der Hund musste folglich in den Rucksack passen.

Der nächste Traum schrieb sich Dackel – Kurzhaardackel, um genau zu sein. In jenen Jahren war das der typische Försterhund oder besser gesagt der Förster-Zweithund. Diese Kurzhaardackel (die Norddeutschen sprechen vornehm von einem „Teckel") gibt es in zwei Farbvarianten: hirschrot und schwarz mit braunen Abzeichen. Ich „stand" damals auf hirschrot, später eher auf schwarz. Dass es mir gerade der hirschrote Kurzhaardackel so angetan hatte lag an der Schutzhülle einer Schallplatte mit Jägerliedern. Auf dem Hochglanzkarton war nämlich ein hirschroter Kurzhaardackel abgebildet, der auf einem Rucksack saß, welcher auf einem Bauernstuhl mit geschnitzter Lehne lag. Ich glaube, als Bub habe ich gewiss tausende Male dieses Cover in den Händen gehalten und sehnsüchtig das Bild mit Rucksack und Dackel angeschaut.

Das Cover versinnbildlichte so ziemlich alles, was in meinen Jugendträumen Bedeutung hatte. Der Bauernstuhl mit seiner geschnitzten Lehne stand für die Heimeligkeit eines ganz bestimmten Haustyps samt Kachelofen, Herrgottswinkel und Bauerngarten. Der Rucksack war mir nicht weniger Symbol der Jägerei als jenes ominöse Hirschgeweih mit eingefügtem Kreuz, wie es gerade in den ersten beiden Nachkriegsjahrzehnten in irgendwelcher Form in fast jedem Jägerhaus zu finden war. 1934 von untadelig nationaler Gesinnung verbannt, feierte es 1945 seinen Wiedereinzug. Der Dackel schließlich stand für den wirklich von Kindesbeinen an erträumten und als ausgemacht geltenden Beruf des Försters. Während meine Spiel- und später Schulkameraden auf die seinerzeit bei jeder Begegnung mit

Fremden wie Verwandten obligate Frage, „Was willst du einmal werden?", mit Lokomotivführer, Lkw-Fahrer oder Kapitän antworteten, sagte ich grundsätzlich „Förster". Nur während der ersten Schuljahre wurde ich, warum auch immer, wankelmütig. Da konnte es sein, dass ich mit „Dichter" oder „Bürgermeister" antwortete. Doch diese Anfälle legten sich bald wieder.

Anfangs freilich war das Thema Hund in meinem Elternhaus noch tabu, und später dann – ich wusste schon, dass ich Förster oder Berufsjäger werden würde – trat eine andere Rasse in mein Bewusstsein – der Deutsche Jagdterrier. Über ihn wurden überall Loblieder gesungen, vor allem wurden seine Schärfe und Wasserfreude hoch gelobt.

Es war eine Zeit, in der das Verhältnis der Jäger zu ihren Hunden vielfach noch ein anderes war als heute. Jagdhunde mussten vor allem scharf sein – „raubzeugscharf". Jagdterrier besaßen die Eigenschaft in besonderer Weise. Auf sie konzentrierte sich die Zuchtauslese, und das Ergebnis waren Hunde, die Hauskatzen und Nachbarshühner zerrissen, die erlegtes Wild rabiat gegen Mensch und Tier verteidigten, halt solche, die neben einem Minimum an Verstand ein Maximum an Schärfe aufbrachten. Terrier waren überdies vielseitiger als Dackel und zudem geländegängiger, dank der längeren Beine. Sie waren aber, im Gegensatz zum Setter, immer noch voll „rucksacktauglich"!

Wenig Gefühl

In der Zeit meiner Kindheit und Jugend hatten Tiere formal noch keinen besonders hohen Stellenwert. In der Schule lernten wir noch, dass der Liebe Gott uns die Tiere untertan gemacht habe, dass sie keinesfalls denken und nur eingeschränkt fühlen können. Manche Hunde kamen schon als Welpen an die Kette und starben an dieser auch, ohne jemals wirklich frei laufen zu können. Hunde, die ihren Besitzern lästig geworden waren, wurden häufig einfach mit einem Hammer, der Axt oder schlicht mit einem derben Prügel totgeschlagen. Die etwas „tierlieberen" Hundehalter kontaktierten einen Jäger, damit dieser den Hund kurzerhand erschoss. Hunde und Katzen, die ins Tierheim eingeliefert wurden, bekamen nach kurzer Zeit eine Spritze ... Dennoch haben wir kein Recht, uns in punkto Tierschutz über unsere Vorfahren zu mokieren. Zwar darf heute kein gesunder Welpe mehr getötet werden, und für die Zwingerhaltung gibt es strenge Vorschriften. Aber wenn mit brutaler Tierquälerei Millionen zu verdienen sind, wie etwa in der Schweine- oder Hühnerhaltung, dann ist der Gesetzgeber – egal welche Partei gerade an der Regierung ist – nie wirklich auf Seiten der Tiere. Die Verbraucher aber bilden den Motor der Tierquälerei. Sie lassen quälen, um weit mehr Fleisch und Eier essen zu können, als ihrer Gesundheit zuträglich ist. Sie geben nicht nur ihr Gefühl für Tiere an der Garderobe ab, sondern auch ihren Verstand, was ihre eigene Gesundheit betrifft.

Jedenfalls fand seinerzeit niemand etwas dabei, wenn Züchter die verkauften Welpen in eine Kiste steckten und dem Käufer per Expressgut zusandten. Auch mein erster Hund kam in einer kleinen Holzkiste ins Haus. Er und seine Geschwister waren in einer Jagdzeitung zum Kauf angeboten worden. Der Züchter wohnte rund achtzig Kilometer von meinem Elternhaus entfernt, und Auto gab es bei uns keines. Jedenfalls war es an einem Spätwintertag, als die Bahn anrief und uns von der Sendung verständigte. Meine Mutter fuhr mit Bus und Tram zum Expressgutschalter, um die kleine Kiste in Empfang zu nehmen. Deren Deckel war – sicher ist sicher – zugenagelt. So musste der kleine Hund noch einige Zeit aushalten, ehe er aus der Kiste befreit wurde. Daheim trugen wir diese in den Garten, wo ich mit Hilfe von Werkzeug den Deckel abnahm. Ich tat dies am Rande unseres kaum mehr als einen Quadratmeter großen, betonierten „Gartenteiches". Als der Kistendeckel abgenommen war und Licht eindrang, wühlte sich aus der Holzwolle ein kleines schwarzes Etwas namens „Jagdterrier", schaute uns erstaunt an und wackelte freudig mit seinem kleinen kupierten Schwänzchen. Dann ein Blick aufs Wasser unseres Miniteiches und schwupps war er auch schon drinnen, planschte und drehte eine Runde nach der anderen. Wohlgemerkt: Er sprang nicht versehentlich hinein, sondern, trotz der niedrigen Temperaturen in voller Absicht und wollte auch gar nicht mehr so schnell heraus.

Der kleine, damals zwölf Wochen alte Kerl hieß „Elch", genauer gesagt „Elch vom Samland". Letzteres war der Zwingername und verriet, dass der Züchter aus dem Osten kam. Elchs Vorfahren und Verwandtschaft prahlten in der grünen Ahnentafel mit Topwertungen. Schärfe, Spurlaut und Wasserfreude durchgehend „4h". Das entsprach der Höchstnote. Dazu waren allerlei „Rangabzeichen" eingetragen, darunter bei Papa und Mama je ein doppelter „Würgerstrich". Sie hatten also nachgewiesen „raubzeugscharf" zu sein, sprich: einer armen Hausmieze unter Zeugen den Garaus gemacht zu haben. Wo immer ich in der Folgezeit mit meinem Elch einem Jäger begegnete, kam als erstes die Frage nach der Schärfe der Eltern. Natürlich war ich mächtig stolz und noch viel zu unerfahren, um zu ahnen, welchen Ärger so ein scharfer Hund seinem Besitzer bereiten konnte, wie viel Feinde er ihm besorgte.

Elch gedieh dank der Fürsorge meiner Mutter prächtig. Sie hatte ihn ins Herz geschlossen. Der Garten war eingezäunt, was uns vorerst jeden Ärger ersparte. Auch mein Vater, der ein eher distanziertes Verhältnis zu Hunden hatte, mochte ihn schließlich. Ich aber setzte meinen ganzen Ehrgeiz in die fachgerechte Abrichtung. Schließlich erkennt man am Hund die Qualität eines Jägers; so hatte ich es bereits gelernt. In seinem ersten Lebensabschnitt durchläuft der Hund die „Stubendressur". Er lernt all jene Dinge, die man auch daheim mit ihm üben kann, also das Herankommen auf Kommando, dass er sich hinsetzt, dass er sauber bei Fuß geht und dass er auf Kommando und Trillerpfiff „down" macht. Trillerpfiff und Down-Kommando sollten den Hundeführer später in die Lage versetzen, einen Hund, der hinter Hase oder Reh her war, zu stoppen und zur Rückkehr zu bewegen. Auch heute, in der Rückschau, finde ich diese Übung nicht wirklich verkehrt, vor allem nicht bei temperamentvollen Hunden. Dies schon zu ihrem eigenen Schutz. Gar nicht selten jagte ein Hund ja in Richtung Straße, was ihn das Leben kosten konnte.

Jedenfalls übte ich mit meinem Elch die Standardkommandos auch außer Haus. Einmal kam uns in den Albwiesen ein Mann entgegen, der meinen „Zirkus" schon aus der Weite beobachtet hatte: „Fuß!", „Such voran!", „Halt!", „Down!" usw. Als er an mir vorbei ging, erlaubte er sich die Frage, ob der Hund kein Deutsch verstehe, weil ich ihn Englisch anbrülle … Einem Nichtjäger mag bei solchen Unterordnungsübungen zudem aufgestoßen haben, dass bei dem Befehl „Down!" – ähnlich wie zum Führergruß – der rechte Arm hochgestreckt wird. Dabei handelt es sich schlicht um das dem akustischen Signal beigefügte optische Signal, das lange vor dem Führergruß erfunden wurde. Doch der Laie konnte es leicht missverstehen. Mir war die Bemerkung jedenfalls unglaublich peinlich und Anlass, meinen Hund nicht mehr unter den Augen der Öffentlichkeit „abzuführen".

Irgendwie unbelehrbar

Der gute Elch wuchs prächtig heran, hatte aber ein unglaubliches Temperament, was sich manchmal bei bestimmten Übungen und Anforderungen nervzehrend bemerkbar machte. Überdies war er unglaublich neugierig und wollte immer dabei sein. So führten wir einen ständigen Kampf, wenn es ums Ablegen ging, sprich, wenn der Hund beim Rucksack oder Mantel liegen bleiben und auf mich warten sollte. Frei klappte das selten, ich musste ihn anbinden. Ganz aus war es, wenn er Wild sah. Unterm Hochsitz liegend kläffte und giftete er seine Jagdlust voll hinaus. Saß er neben mir auf dem Hochsitz, gelang es in der Regel, ihn zu beruhigen. Einmal hätte ihn sein Temperament jedoch fast das Leben gekostet. Er war damals schon zwei Jahre alt und saß in der Früh mit mir auf dem Hochsitz. Ich hatte ihn angeleint, denn er hatte eigentlich kapiert, dass er so nicht ausbüchsen konnte. Doch als ein Reh auf die kleine Waldwiese vor uns zog, war es aus mit der Ruhe, und er sprang ohne Vorwarnung von der sicher drei Meter hohen Ansitzleiter. Weit kam er nicht, denn die Leine hielt ihn zurück. Dabei hätte er sich leicht das Genick brechen können. Passiert ist ihm, Gott sei's gedankt, nichts. Kaum dass ich ihn aus seiner misslichen Lage befreit hatte, gab er heftig Laut und wollte dem längst abgesprungenen Reh nach.

Ähnliche Abenteuer bestand er öfter. Später, als ich bereits über einen Führerschein und ein Auto verfügte, sprang er mehrmals aus dem langsam durchs Feld rollenden Wagen. Einmal brachte eine in den Wiesen mausende Katze sein Blut in Wallung, dann wieder waren es grasende Rinder. Passiert ist ihm auch dabei nie etwas. Wohl aber handelte er mir mehr als einmal gehörigen Ärger ein.

Damals war es noch üblich, Junghunde an Katzen „scharf" zu machen. Die Jäger der damaligen Zeit und vor allem die Hundezüchter waren nicht zimperlich, und die Jagdverbände begründeten diese sinnlose Tierquälerei ausgerechnet damit, sie diene dem Tierschutz, weil derart „ausgebildete" Hunde anderen – kranken – Tieren viel „Leid" ersparen würden. Am Anfang mussten sich unerfahrene Jungkatzen von den Aspiranten für den „Würgerstrich" zu Tode knautschen lassen. Ihnen folgten ausgewachsene Katzen. Nicht selten wurden den bedauernswerten Geschöpfen mit Zangen Krallen und Fangzähne abgezwickt, damit sie die Hunde nicht ernsthaft verletzen konnten. Früh schon wurde von Nichtjägern gegen diese zwar nicht offizielle, aber allgemein gängige Praxis der „Hundeausbildung" protestiert. Jagd- und vor allem Hundezuchtverbände hielten diese Praxis lange für unverzichtbar. An der Schärfeprüfung wird bis heute festgehalten. Formal ist sie allerdings nur noch im Rahmen der legalen Jagdausübung gestattet. Wie diese legale Jagdausübung abläuft, darüber gibt es bei den Jagdgegnern keine Zweifel. Verteidigt wurde und wird die Schärfeprüfung übrigens bis heute als Tierschutz-Notwendigkeit! Mir war dieser Teil der Hundeausbildung auch in jungen Jahren zuwider, wobei man solche Gefühle in Jägerkreisen tunlichst nicht zeigte. Dennoch war Elch noch kein Jahr alt, als er irgendwo im Feld draußen zum Katzenmörder wurde. In späteren Jahren hat diese Eigenschaft meinem Vater, der inzwischen sehr an dem Hund hing und oft mit ihm spazieren ging, manchen Verdruss eingebracht.

Einmal hätte Elchs Schärfe leicht fatal enden können und zwar nicht nur für ihn, auch für mich als seinen Führer. Ich war inzwischen Berufsjäger am Forstamt Reichenhall Süd und betreute das Revier Weißbach, zu dem auch die Zwieselalm gehörte. Diese erreicht man vom Listsee aus durch einen engen, relativ steilen Graben. Jedenfalls befand ich mich eines Vormittags, von der Alm kommend, auf dem Weg hinunter zum See. Oberhalb besagten Grabens weidete im lichten Bergwald das Vieh. Wie es halt manchmal so ging, schlüpfte der „Elch" blitzschnell aus der Halsung und nahm das erstbeste Rind an. Dieses flüchtete bergab in den Graben und nahm die restliche Herde mit. Glockengescheppere, Gebrüll der aufgeregten Rinder, Getrampel und kollernde Steintrümmer, das alles brachte den

Hund noch mehr in Rage. Immer wieder erwischte er eines der Rinder am Schwanz und ließ sich ein paar Meter mitschleifen, ehe ihn das Rind abschütteln konnte. Jedenfalls donnerte die Herde, vom Hund verfolgt, durch die enge Schlucht, in deren Boden gerade der Bach und ein schmaler Steig Platz fanden, talwärts. Das Dumme war, dass sich weiter unten bergwärts wandernde Touristen befanden. Um von der Herde nicht überrannt zu werden, klammerten sie sich rechts und links des Baches an den Latschen fest. Letztlich war der Spuk an ihnen vorüber, und auch der Hund hatte irgendwann genug und kam, freudig mit seinem kupierten Schwanz wackelnd, zurück. Mir aber blieb nichts übrig, als vorbei an den erregten Touristen talwärts zu streben, nun mit dem Hund an der Leine.

Ungedankte Tierliebe

Es ist schon mehr als ein halbes Jahrhundert her und ereignete sich daheim im Schwarzwald. Es waren noch Rehe zu schießen, und so machte ich mich an einem Samstagnachmittag auf, um mit Hilfe meines Hundes ein Reh zu schießen. Das war eigentlich eine ziemlich einfache Sache. Man setzte sich einfach auf oder bei einem Kahlschlag auf einen Hochsitz und ließ den Hund laufen. Mit ein wenig Glück kam man dabei zu Schuss. Doch an jenem Samstag fehlte dieses Mindestmaß an Glück. Elch machte zwar sehr schnell Rehe hoch, diese kamen mir aber nicht schussgerecht. Jedenfalls folgte der Hund lauthals den Rehen. Dieses Verhalten war für die Jagdterrier jener Zeit typisch. Als Hundeführer musste man geduldig sein, am besten gleich pensioniert.

An jenem Samstag hatte ich besonders schlechte Karten, denn in unmittelbarer Nähe besagten Kahlschlags, auf dem der Hund die Rehe hochgemacht hatte, lag ein großer Bau. Ob der gute Elch nun bei seiner Rehjagd auf die warme Spur eines Fuchses changierte oder ob er auf dem Rückweg zufällig am befahrenen Bau vorbeikam, entzog sich meiner Kenntnis. Entscheidend war, dass er mich – wörtlich zu nehmen – sitzen ließ. Novembernachmittage haben ein kurzes Leben; bereits um fünf Uhr ist es ziemlich dunkel. Jedenfalls stieg ich irgendwann von meiner Leiter und machte mich, immer wieder stehenbleibend und lauschend, auf den Weg zum Auto. Dieses stand am Waldrand, neben der Schwarzwaldhochstraße. Einige Zeit wartete ich dort noch auf den Hund. Schließlich war es dunkel, und ich hinterließ am Waldrand Rucksack und Mantel. Das hatte sich bis dahin immer als richtig und zweckdienlich erwiesen. Vorsicht war nur an viel vom Publikum belaufenen Wegen geboten, weil manche Zeitgenossen sich mehr für den Rucksack oder Mantel bewachenden Hund interessierten als diesem lieb war. Diese Gefahr bestand damals nicht. Der unbefestigte Weg am Waldrand entlang diente höchstens den Bauern oder Waldarbeitern; niemand kam auf die Idee, dort spazieren zu gehen.

Ich fuhr ins Dorf, heizte den Ofen ein und aß zu Abend. Später fuhr ich wieder raus, sicher, meinen Hund am Rucksack zu finden. Um es kurz zu machen: Ich fand ihn nicht, auch nicht nochmals zwei Stunden später und auch nicht am Folgetag. Schließlich klapperte ich alle mir bekannten Fuchsbaue ab, ohne jedoch irgendeinen Hinweis zu finden. Am Abend fuhr ich zu meinen Eltern, die in der Stadt wohnten. Bei ihnen wohnte, rein steuerlich gesehen, auch mein Hund. Meine Eltern, die sehr an Elch hingen, machten betrübte Gesichter. Gleichwohl hatten wir Hoffnung, den Hund wiederzufinden. Schließlich war es ein Jagdterrier, und er war auch nicht das erste Mal verschollen. Am Abend fuhr ich wieder zurück in mein Schwarzwalddorf, schaute noch einmal beim Rucksack nach, deponierte eine Schüssel mit Wasser und etwas Futter dazu. Auch am folgenden Montagmorgen – noch ehe ich in den Dienst ging – sah ich nach, ebenso am Abend. Der Hund blieb verschollen, und meine Zuversicht, ihn wiederzufinden, schwand. – Telefone waren damals noch ziemlich rar, und ich als Forstpraktikant hatte ohnehin keines. Also fuhr ich neuerlich die dreißig Kilometer in die Stadt zu meinen Eltern. Dort begrüßte mich freudig mein Elch. Die Geschichte seiner Rückkehr war weniger erfreulich.

Er musste an jenem Samstagabend, wenige Minuten, nachdem ich Rucksack und Mantel abgelegt hatte und ins Dorf gefahren war, meiner Spur folgend dort angekommen sein. Dann aber kam auf der Schwarzwaldhochstraße ein Auto daher – ein „Opel Rekord", ein für damalige Verhältnisse recht komfortabler Mittelklassewagen. Elch war wohl der Meinung, ich würde ihn abholen und lief zur Straße. Dort fingen ihn die Scheinwerfer ein, und das Auto hielt neben ihm an. Im Wagen befand sich ein älteres Ehepaar, das den Tag im Schwarzwald verbracht hatte und sich auf dem Heimweg in die Stadt befand. Die Frau des Fahrers öffnete die Beifahrertür und sprach den kleinen „herrenlosen" Hund an. Nun muss man wissen, dass es für diesen nichts Schöneres gab, als mit dem Auto zu fahren. Jedenfalls sprang der gute Elch, als er sich von der Harmlosigkeit des Ehepaares überzeugt hatte, zunächst der Dame auf den Schoß und von dort auf den Rücksitz, wo er sich auch sogleich müde zusammenrollte und schlief.

Das Ehepaar hatte Spaß an ihm und nahm ihn mit. Doch als sie ihr Zuhause erreicht hatten und ausstiegen, blieb der Hund auf dem Rücksitz liegen. Weder süßes Hundegeflüster noch Wurst, noch dargereichte Milch konnten ihn zum Verlassen des Wagens bewegen. Es war Samstagabend wohlgemerkt. Das Tierheim hatte längst geschlossen, und die Polizei wollte man nicht einschalten. Inzwischen betrachtete Elch den Opel Rekord aber auch als sein Eigentum und begann zu randalieren, sobald irgendjemand die Autotür öffnete oder sich dem Fahrzeug nur näherte. Das hatte bereits fatale Folgen, denn die Autos jener

Zeit hatten innen eine Kunststoffverkleidung und eine Stoffbespannung unterm Dach. Krallen und Zähnen eines Jagdterriers sind beide Materialien unterlegen.

Der Sonntag verlief, wie der Samstag geendet hatte. Doch egal, wie undankbar sich der Hund auch zeigte, das Ehepaar ließ sich nichts nachsagen. Sie boten ihm alles, was die Küche hergab. Das war insofern fatal, als der Hund sich einerseits keine Köstlichkeit entgehen ließ, andererseits aber das Auto auch nicht zur Erledigung dringender Bedürfnisse verließ. Da er sich auf dem Rücksitz wohnlich eingerichtet hatte, bestimmte er den Fahrersitz zur „Nasszelle". Inzwischen wurde eine ganze Reihe von „Hundeflüsterern" aufgeboten, deren Aufgabe es war, mit dem Hund einen Kompromiss auszuhandeln. Sie scheiterten alle! Auch Versuche, dem Hund eine Schlinge überzuwerfen und ihn so aus dem Auto zu ziehen, misslangen kläglich.

Es wurde Montag. Der Autobesitzer, ein Geschäftsmann, konnte über seinen Wagen noch immer nicht verfügen. Also rief er die Polizei an. Nun hatte ich, als ich an jenem Samstag den Hund zum Stöbern schnallte, eine grobe Nachlässigkeit begangen, die nun zum Glücksfall wurde. Ich hatte nämlich vergessen, dem Hund die Halsung abzunehmen. An der aber war die Steuermarke befestigt. Jedenfalls konnten die Polizisten die Steuernummer ablesen und so den Hundehalter – meinen Vater – ermitteln und verständigen. Also setzte sich meine Mutter in ein Taxi und fuhr zu jenem verzweifelten Ehepaar, das sein Auto weder säubern noch benutzen durfte. Um dieses herum standen zwei Polizisten und etliche Hundekenner, die den Beamten gute Ratschläge erteilten. Von Tollwut und von eingekreuztem Wolfsblut war die Rede. Doch als Elch meine dem Taxi entsteigende Mutter erkannte, wedelte er freudig erregt mit seinem kupierten Stummelschwanz, begrüßte sie jauchzend, machte in jenem Garagenhof noch einmal einen krummen Buckel und wollte endlich heim...

Seine Auslandsbesuche

Schon als ich ihn aus seiner Transportkiste befreite, hatte Elch seine angeborene Wasserfreude gezeigt. Die behielt er sein ganzes Leben bei. War man mit ihm unterwegs, musste man zwei Dinge stets im Auge oder zumindest im Hinterkopf haben – Dachsbaue und Wasser. Fand er einen Bau, verschwand er in diesem. Bis er wieder auftauchte, konnten Stunden vergehen. Fand er Wasser, nahm er es, ungeachtet der jeweiligen Temperatur, an. Die kleinste Form eines für ihn interessanten Gewässers war die Suhle, in die er sich nicht nur hineinlegte, nein, er suhlte sich in bester Schweinemanier. Die größte Gewässerform war nach oben offen. Ich war nie mit ihm am Meer, wohl aber recht oft am in meiner Heimat schon verdammt breiten Rhein.

Sobald man in die Nähe dieses Stromes kam, musste man Elch bei Fuß beordern und gut im Auge behalten. Ansonsten konnten auch wieder Stunden bangen Wartens folgen. Es waren nicht nur die, je nach Jahreszeit, zahlreichen Enten und Blässhühner, die seine Wasserfreude entfachten. Elch interessierte sich auch für Lastkähne. Ich glaube nicht, dass er sie als Enten angesprochen hat, aber der Umstand, dass sie sich bewegten und dabei auch noch tuckerten und gelegentlich ihre Nebelhörner hören ließen, machte sie interessant. Da konnte es durchaus geschehen, dass er beim Anblick eines in der Strommitte fahrenden Schiffes aufjauchzend ins Wasser sprang und auf dieses zuschwamm. Nun bleiben Schiffe ja nicht stehen. Sie bewegen sich relativ schnell flussauf- oder flussabwärts und damit dem kleinen Hund immer davon.

Gegen den Strom fahrende Kähne gab er relativ schnell auf. Das Schwimmen gegen die Strömung war einfach zu kräftezehrend. Aber einem abwärts fahrenden Kahn folgte er manchmal so weit und lange, dass er in den Wellen ohne gutes Glas nicht mehr zu erkennen war. Irgendwann begriff auch das kleine, überzüchtete Terriergehirn, dass Schiffsschrauben mehr Kraft hatten als vier relativ kurze Beine. Dann gab Elch auf und nahm das nächstliegende Ufer an. Nun verlief die Fahrrinne nicht immer in der Mitte des Stromes. Einmal war sie dem deutschen, dann wieder dem französischen Ufer näher. Je nachdem ging Elch an Land. Stieg er drüben in Frankreich aus, lief er auf dem Ufer erst einmal ein gewaltiges Stück stromaufwärts. Er hatte die Kraft der Strömung ganz gut im Griff und kalkulierte sie ein. Irgendwann nahm er oberhalb meiner Position neuerlich das Wasser an und paddelte herüber.

Diese Ausflüge verursachten mir manches Herzklopfen und manche Angst. Auch wenn ich ihn gelegentlich, wenn er wieder gegen meinen Willen in den Rhein sprang, verfluchte, sobald der kleine schwarze Punkt im Wasser noch kleiner wurde, wechselte die Stimmung. Aus Wut wurde dann schnell Angst, die mit der Hoffnung wechselte, es möge gutgehen.

Nun war ich gelegentlich am Rhein zur Entenjagd eingeladen. Diese wurde auf dem Morgen- wie auf dem Abendstrich ausgeübt. Den Hund hatte ich dabei stets an der Leine. Nur wenn eine beschossene Ente im Rhein niederging, was wir stets zu vermeiden trachteten, wurde er zum Apportieren geschnallt. Da der Rhein Staatsgrenze war, wurde gelegentlich an beiden Ufern gleichzeitig gejagt. Die auf unserer Seite beschossenen Enten flogen dann hinüber. Die drüben beschossenen kamen zu uns. Besonders Tauchenten hielten sich gerne in der Mitte des Stromes auf. Sie ergriffen, wenn der Hund auf sie zuschwamm, auch nicht unbedingt die Flucht. Sie erhoben sich zwar, fielen aber ein kleines Stück weiter schnell wieder ein. Ein Verhalten, das den kleinen Hund in den Zustand höchster Erregung versetzte. Manchmal erhoben sich auf einen Schuss hin auch Enten am anderen Ufer, um in der Strommitte einzufallen. Das alles verwirrte den guten Elch natürlich ungeheuer.

Eines Herbstmorgens wurde wieder beidseitig des Stromes gejagt. Ich weiß nicht mehr, wie genau es bei uns zuging. Jedenfalls schnallte ich den Hund zum Apportieren. Sei es nun, dass er nicht gesehen hatte, wo die beschossene Ente ins Wasser stürzte oder war sie abgetaucht, jedenfalls schwamm und schwamm der gute Elch und kam dabei immer mehr auf die französische Seite. Die drüberen Jäger hatten ihn kommen sehen und ihn auch noch gerufen. Schließlich stieg er an Land, begrüßte, mit seinem kupierten Schwanz wackelnd, freudig die Chasseurs, und begutachtete deren Beute. Dann aber geschah das Unglaubliche. Elch schnappte sich eine erlegte Reiherente, sprang mit ihr in den Rhein und schleifte sie nach Deutschland. So oft die französischen Jäger ihn auch riefen und ihm schöntaten, er ließ sich nicht beirren. Von uns aus gesehen etliche hundert Meter flussabwärts stieg er mit seinem Diebesgut an Land. Das war nicht nur im jagdrechtlichen Sinne Wilderei, der Hund hatte sich auch über alle zoll- und veterinärrechtlichen Bestimmungen hinweggesetzt. Doch damit nicht genug. Er und ich, als sein Führer und Besitzer, machten uns auch noch nach deutschem Recht der Wilderei schuldig. Zwischen uns und der Stelle, an der Elch wieder deutschen Boden erreichte, mündete nämlich ein Altarm in den Fluss, und der bildete die Grenze jenes Reviers, in dem wir jagten. Der zwanzig Meter breite Arm war, nach all dem, was der Hund vorher schon geleistet hatte, auch kein Problem mehr. Schwupps, sprang er neuerlich ins Wasser und stieg endlich im richtigen Revier an Land!

Drüben aber standen die französischen Jäger und winkten und riefen uns belustigt zu. Was sie sagten, war auf deutscher Seite nicht zu verstehen, aber ich glaube, es war eine Menge Achtung und Anerkennung für den kleinen Hund dabei. Die Möglichkeit, sich auf irgendeiner Brücke zu treffen, geschweige denn rechts oder links des großen Stromes in einer Kneipe gemeinsam einen Kaffee zu trinken, gab es nicht. Was auch immer, Völkerfeindschaft entstand aus der kleinen Wilderei keine, und eine Rückgabe der Beute hätte einen kaum vertretbaren Aufwand bedeutet.

Manchmal stank er

Es ist – aus menschlicher Sicht – eine Unart, die allerdings vielen Rüden zu eigen ist, sie wälzen sich gerne in Aas und in ähnlichen Duftquellen. Bei Elch war diese Eigenschaft besonders ausgeprägt. Es musste nicht unbedingt Aas sein, um bei ihm Gefallen zu finden. In der Wahl der Stoffe war er nicht kleinlich. Er nahm frische Kuhfladen ebenso gerne wie trockenen Schafsmist, hatte aber auch gegen „Humanabfälle" nichts einzuwenden. Nun war in den 1950er-Jahren die Landschaft bei weitem noch nicht so überlaufen wie heute, weshalb sich in ihr auch weniger jener Humanabfälle fanden. Aber es waren dennoch genug.

Wenn mein Vater mit Elch spazieren ging, dann pflegte er häufig den Weg entlang eines kleinen Flusses zu nehmen, der Alb. Durch seine angewölfte Wasserfreude, er ging auch im Winter regelmäßig ins Wasser, hätte eine Parfümierung zu Beginn des Spaziergangs wenig gebracht. Das Wasser hätte sozusagen ihn samt seiner dunklen Seele wieder reingewaschen. Nein, wenn, dann wälzte er sich erst gegen Ende eines Spaziergangs in menschlichen Exkrementen. Am liebsten erst dann, wenn der Fluss hinter ihm lag.

Damit verursachte er in meinem Elternhaus regelmäßig größere Aufregung. Mein Vater musste dann den Hintereingang durch den Garten nehmen und darauf achten, dass der Hund nicht vor ihm ins Haus gelangte. Denn, erst einmal im Haus, mutierte Elch zum Reinlichkeitsfan und war bemüht, den Schmutz der Menschheit abzustreifen. Er nutzte hierzu alles, was aus Textilfasern bestand und auf dem Boden oder in Bodennähe lag. In der warmen Jahreszeit war das kein Problem. Dann musste mein Vater nur schnell die hintere Tür schließen und Elch mit dem Gartenschlauch abspritzen, was dieser durchaus genoss. Freudig erregt versuchte er dann den Wasserstrahl zu fassen, biss immer wieder in den Strahl hinein und mochte nicht verstehen, dass dieser sich quasi zwischen seinen Zähnen endlos vermehrte.

In der kalten Jahreszeit entwickelte sich die Angelegenheit wesentlich komplizierter. Dann musste Elch so lange im Garten warten, bis meine Mutter einen Zinkeimer wohltemperierten Wassers, Schmierseife und Wurzelbürste beisammen hatte und ihn im Garten abschrubbte. Gummihandschuhe, wie sie heute in jedem Haushalt selbstverständlich sind, waren damals noch nicht erfunden. Dies nur nebenbei.

Irgendwann trat eine Brandlbracke Elchs Nachfolge an, und er ging endgültig in Ruhestand. Er hielt meine Eltern mit jenem Quantum Ärger und Sorge auf Trab, für das Jahre vorher ich gesorgt haben mochte. Für ihn werden es noch einige angenehme Jahre gewesen sein, ausgefüllt mit weitläufigen Spaziergängen und liebevollem Familienanschluss. Eine Tierarztpraxis sah Elch, außer zu den Routine-Impfungen, zwölf Jahre hindurch nicht. Doch dann, mein Vater ruhte bereits in kühler Erde, kränkelte er, Bewegung fiel ihm zusehends schwerer, an Spaziergängen war er nicht mehr sonderlich interessiert, und immer öfter verweigerte er die Nahrung. Schließlich raffte sich meine Mutter auf, rief ein Taxi und fuhr mit Elch zum Tierarzt. Der diagnostizierte Leberkrebs und beschied, dass nichts mehr zu machen sei. Das war Elchs Ende. Zwölf Jahre hatte er mit uns verbracht.

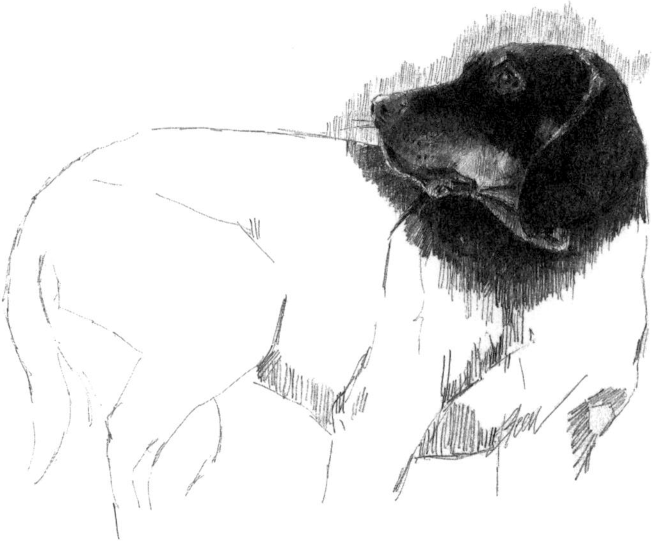

Dann kam „Ricke"

Eine Seele von Hund

Ricke war ihrer Rasse nach eine Brandlbracke und ansonsten einfach eine Seele von Hund. Ich hatte sie als Welpe bei einem Kollegen in der Jachenau erworben. Sie entwickelte sich zu einem meiner angenehmsten Hunde und war der späteren Hexi charakterlich sehr ähnlich. Ricke wuchs, soweit das mit zwei kleinen Kindern möglich war, in der Familie auf. Mit fünf Monaten war sie schon meine Begleiterin auf allen Wegen. Sie lernte schnell und arbeitete zuverlässig. Vor allem aber war sie sehr ruhig und besonnen. Auf den täglichen Reviergängen bedurfte es keiner Leine. Sie blieb jederzeit beim Rucksack liegen, um auf mich zu warten. Eines war sie nicht – „scharf"! Das empfand ich – nach den Erfahrungen mit Elch – damals schon angenehm. Ricke stellte zwar tapfer etliche Sauen und zog kranke Rehe nieder, aber sie ließ die Katzen im Dorf, zumindest auf Zuruf, in Ruhe. Sie ging auch jedem Streit mit anderen Hunden aus dem Weg.

Ricke war „friedlich". Sie regte sich nie auf, wenn Wild in Anblick kam, aber sie suchte schon im Alter von einem Jahr ruhig und zuverlässig am Riemen. Kam jemand zu uns ans Forsthaus, meldete sie ohne aufgeregt zu sein. Hatten wir einen Besuch begrüßt, war die Sache für sie erledigt. Dass wir so schnell zusammenwuchsen, und dass sie draußen im Revier so ruhig war, lag nicht nur daran, dass sie den ganzen Tag mit mir zusammen war. Auch der Umstand, dass wir kein Auto hatten, folglich fast alles noch zu Fuß gingen, trug wesentlich dazu bei. Sie erlebte das Vielfache dessen, was „Autohunde" erleben. Fast jeder Tag, den wir draußen verbrachten, barg für den Junghund das eine oder andere kleine Abenteuer. Ricke genoss als Junghund auch – wichtige! – Freiheiten, die anderen Jagdhunden tunlichst verwehrt wurden. Für mich war und ist es kein Problem, wenn ein junger Hund auch einmal ungehorsam ist, wenn er einmal gesunde Rehe jagt und auf meinen Pfiff nicht hört. Wie soll ein Hund lernen, wenn er nicht lernen darf!

Heute noch komme ich mit vielen Jägern in Kontakt, für deren Hunde die Jagd aus Warten im Auto besteht, während ihre Besitzer auf einem Hochsitz sitzen. Immer wieder wird argumentiert, der Hund folge nicht und sei zu unruhig. Klar, wie könnte es auch anders sein, wenn der Hund ein eingesperrtes „Standby-Dasein" fristet. Den ganzen Tag über wartet er im Zwinger oder in der Wohnung auf die Rückkehr seines Halters, immer in der Hoffnung auf Abwechslung. Ab und zu darf er mit zur Jagd, wo er eventuell etliche hundert Meter vorm Auto springen darf. Hin und wieder kommt sein Besitzer mit einem erlegten Wild zurück. Natürlich wird jedes Reh, jeder Hase für den Hund zum „Jahrhunderterlebnis". Nach seiner ersten, meist gar nicht so langen Hatz kehrt jeder Hund hocherfreut zurück und will sich mitteilen. Doch fast immer sind die Reaktionen seines Besitzers negativ. Die unqualifiziertesten Hundeführer greifen auch gleich zu „Strafmaßnahmen" und wundern sich auch noch, wenn der Hund seine Exkursion bei nächster Gelegenheit ausdehnt. Motto: „Wenn schon Prügel, dann müssen sie sich auch lohnen!"

Delegierte Verantwortung ...

Ich erinnere mich noch gut an eine Abendpirsch. Ricke ging – wie immer – frei Fuß. Hangseitig begleitete uns der Wald, talseitig die Wiesen, und zwischen Wiesen und Weg wuchsen dicht an dicht Haselnussbüsche. Ich merkte, wie Ricke markierte, wie sie mit einer gewissen Spannung anzog. Den guten Elch, meinen ersten und, wenn man so will, „Versuchshund" (ich hatte viel zu wenig Erfahrung) hätte ich in dieser Situation schroff zurückbeordert und vorsichtshalber angeleint. Zu Ricke hatte ich Vertrauen und sie zu mir. In dem Moment schoss sie auch schon die Böschung hinunter und einem unter den Ästen eines Haselnussbusches sitzenden Rehbock an die Drossel. Der Bock klagte, wollte hochwerden, doch nur Sekunden später war auch ich unten, rief Ricke ab, die den Bock sofort ausließ, und gab ihm den Fangschuss.

Meine Erfahrungen mit Wildkrankheiten waren damals noch sehr bescheiden, aber dass der Bock an Leberkrebs litt, war unübersehbar. Wie eine gesunde Leber ausschaut, wie groß sie ist, das war für mich keine Frage. Schließlich trugen in jenen armen Zeiten Lebern und Herzen des erlegten Schalenwildes ganz wesentlich zu unserer Ernährung bei. Die Leber jenes Bockes war mehr als doppelt so groß wie normal.

Einmal fuhr ich mittags mit dem gelegentlich benutzten Dienstmoped nach Hause. Da saß neben einer am Waldrand stehenden Sitzbank eine Sau, die erst hochwurde, als ich anhielt und das Moped abstellte. Sie war stark abgekommen, und der vordere Teil des Unterkiefers fehlte ihr. Ich hatte damals weder Hund noch Gewehr dabei, weil ich nur kurz rausgefahren war, um etwas nachzuschauen.

Ich benachrichtigte die beiden zufällig daheim weilenden Söhne meines Chefs, die spontan zusagten, nach dem Essen mitzukommen. Es war Herbst, und die Tage waren kurz. So waren wir mit Ricke eine gute Stunde später bei der Bank, neben welcher die Sau gesessen war. Schweiß war keiner zu finden, aber die Fährte noch frisch. Und so arbeitete meine damals knapp zweijährige Ricke die Fährte der Sau in aller Gelassenheit gute vier Kilometer aus. Bald wagte ich, den Riemen einfach am Boden schleifen zu lassen. Die Sau hatte dichtere Bestände vermieden, wohl, weil sie mit dem Haupt nicht anstreifen wollte. Irgendwann erreichten wir die Reviergrenze, doch durften wir auch jenseits bedenkenlos weitersuchen. Irgendwann blieb Ricke stehen und sträubte die Nackenhaare. Wir befanden uns in einem Baumholz; mitten drinnen, so gute zehn Meter vor uns, hatte der Wind eine Fichte entwurzelt. Unter ihr saß – für uns nicht sichtbar – die Sau. Ich nahm Ricke die Halsung ab und ließ sie gewähren. Sie fuhr lauthals unter den Wurzelteller und brachte die Sau heraus, ohne sich ernsthaft mit ihr anzulegen. Kurzer Anruf, und ich konnte dem Frischling – um einen solchen handelte es sich – den Fangschuss geben. Die lange Riemenarbeit und das Finale waren eine absolute Meisterleistung. Es sollte nicht ihre letzte sein.

Wenige Wochen später trat ich meinen Dienst im Allgäu an. Dort gab es für Ricke Arbeit genug. Eine ihrer besten Arbeiten war sicher die Nachsuche auf einen am Vorabend beschossenen Rehbock. Die Umstände sprachen für einen Krellschuss. Es war ein schon am Vormittag drückend heißer Sommertag. Zur Schwüle kamen die für Hund und Mensch lästigen Fliegen und Stechmücken. Der Anschuss war nur grob bekannt, und die durch einen Krellschuss abgeschnittenen Haare mochte längst der Wind vertragen haben. Ich fand nichts, aber Ricke „buchstabierte" ruhig vor sich hin, tat sich aber nicht ganz leicht. Immer wieder griff sie zurück oder bögelte sich ein. Schon nach gut hundert Metern beschlichen mich Zweifel an der Richtigkeit. Nun folgte ich meinem Hund nicht alleine und ließ mir nichts anmerken. Eigentlich blieb mir ohnehin nichts anderes übrig, als Ricke möglichst kommentarlos zu folgen. Entweder war sie auf der Fährte, dann konnte alles ein glückliches Ende nehmen, oder sie faselte, dann konnte ich ihr auch nicht helfen.

Ricke faselte nicht, doch um davon überzeugt zu sein, bedurfte es noch einer längeren Riemenarbeit durch Dick und Dünn. Schweiß, der uns von der Stirn rann, ausgeschwitztes Salz, das in den Augen brannte. Kratzer an den Händen, jede Menge Nadeln unterm Hemd. Besonders angenehm war es nicht. Längst waren wir in einer großen Erstaufforstung aus Fichte und Kiefer, oft so dicht, dass man kaum vorwärtskam. Immer wieder musste ich Ricke anhalten lassen, um selbst eine besonders sperrige Partie zu umgehen. Dann wurde sie mit einem Male heftiger und wollte geschnallt werden. Längst hatte ich die Hoffnung, den Bock zu bekommen, aufgegeben. Aber da waren ja noch der Schütze und seine Frau, die der Leistung des Hundes immer wieder Anerkennung zollten.

Es gab nur zwei Möglichkeiten: Entweder Ricke war tatsächlich richtig und der Bock wohl dicht vor uns, dann musste ich jetzt schnallen. Nur der Hund konnte den in seinen Bewegungen ja nicht behinderten Bock einholen und stellen oder niederziehen. Hatte Ricke aber die Fährte verloren und vor uns befand sich irgendein gesundes Reh, dann würde sie die Hatz recht schnell abbrechen. Dann konnten wir die Sache abblasen.

Ricke war auf der richtigen Fährte! Glockenhell Laut gebend verfolgte sie den Bock. Bald war die Hatz kaum noch zu hören, bald wurde sie wieder lauter. So ging es einige Zeit hin und her, bis sie irgendwann auf uns zukam. Der Bock wollte offenbar in seinen vertrauten Einstand zurück. Gar nicht weit von mir entfernt holte Ricke ihn ein und zog ihn nieder. Rasch war ich dort und erlöste ihn. Alle waren wir über den Ausgang der Nachsuche erleichtert. Die kleine Fleischwunde zwischen den Dornfortsätzen der Wirbelsäule selbst war ja für das Reh überhaupt nicht bedrohlich. Auch wir sterben nicht an einem Riss oder Schnitt an Hand oder Bein. Das Problem waren die Schwüle und die Fliegen. Die hätten schon in den nächsten Stunden ihre Eier in der kleinen, für den Bock mit seiner Zunge nur schwer erreichbaren Wunde abgelegt. Schon am Folgetag hätten die Maden am Bock gefressen und eine Sepsis hervorgerufen. Der Schütze, es war unser Dienstherr, schenkte mir – uns – den Bock samt allem „Zubehör", will sagen: einschließlich Geweih. Dieses hängt heute noch in meinem Arbeitszimmer.

In einer anderen Welt

Es war eine andere Zeit damals. Was wir brauchten, hatten wir, was wir uns heute einbilden dringend zu brauchen, war großteils noch gar nicht erfunden. Es gab noch richtige Dörfer mit bäuerlicher Bevölkerung. Heute gibt es, neben den Städten, nur noch ländliche Wohnsiedlungen mit einigen ganz wenigen Bauern, von denen wiederum die meisten längst Agrarindustrielle sind. Früher waren die Wirtshäuser auf dem Lande Orte der Begegnung und des Austausches, und wenn es etwas zu essen gab, dann meist das, was man selbst produziert hatte. Viele Gastwirtschaften waren ursprünglich das Zubrot eines bäuerlichen Betriebes. So war es auch in jener kleinen, noch verhältnismäßig heilen Welt, in der ich mit meiner Familie damals leben durfte.

Unser Forsthaus stand oberhalb eines aus wenigen Häusern bestehenden Weilers am Waldrand. Ins eigentliche Dorf war es nur gut einen Kilometer. Das Kirchdorf hatte damals keine fünfhundert Einwohner, wohl aber einen Bürgermeister, einen Pfarrer, einen winzig kleinen Einkaufsladen und sogar eine Post. Selbstverständlich auch zwei „Kommunikationszentren" – den Unteren und den Oberen Wirt! Beim Oberen Wirt, der ausnahmsweise nicht das Zubrot einer Landwirtschaft, sondern einer Zimmerei war, spielten wir im Winter jeden Donnerstagabend Karten. Wir, das waren der Bürgermeister, der Pfarrer, der Förster Schindler und ich. Im Sommer fiel das Kartenspielen aus oder fand in anderer Zusammensetzung statt, denn der Bürgermeister betrieb noch eine Landwirtschaft, die ihn in Anspruch nahm, und ich kam sommers erst spät vom Wald nach Hause und um die Sommersonnwende begann mein Tag gegen drei Uhr in der Früh.

Wenn ich in der dunklen Jahreszeit am Donnerstag ins Dorf hinüber ging, dann begleitete mich regelmäßig Ricke. Ricke war überall beliebt und sehr geduldig. Wenn wir Karten spielten, lag sie eingerollt unter der den Kachelofen umfassenden Bank und wartete, bis wir irgendwann Schluss machten. Dann konnte es sein, dass die damals noch junge Wirtin ihr ein paar Scheiben Wurst brachte. Ricke nahm jedoch ohne meine Zustimmung nie etwas an. Irgendwann fragte mich die Wirtin, ob Ricke mit in die Küche dürfe. Ja, warum nicht! Also zottelte meine Ricke mit in die Küche, bekam dort einen „Schübling" – so werden im Allgäu Knackwürste genannt –, nahm ihn ganz, ganz vorsichtig zwischen die Fangzähne und brachte ihn mir. Nun waren wir vier gerade so ins Kartenspiel vertieft, dass ich Rickes Rückkehr überhaupt nicht bemerkte. Erst als etliche im Herrgottswinkel sitzende Gäste laut lachten und Bemerkungen zu uns herüber schickten, schaute ich nach meinem Hund, lobte ihn und gab den Schübling zum Fressen frei. Von da an ging Ricke jeden Donnerstag mit in die Küche, nahm „ihren" Schübling in Empfang und brachte ihn kommentarlos mir.

Gewusst, um was es geht

Ricke war ein Hund, der „mitdachte", jedenfalls in dem Maße, in dem es einem Hund möglich ist. Dieser letzte relativierende Halbsatz ist eigentlich schon wieder ungerecht, denn Ricke dachte ohne Aufforderung durch mich mit, ohne Erläuterungen, ohne Wieso und Warum. Menschliche Mitarbeiter hätten ausführlicher Erklärungen bedurft, und selbst dann hätte nicht jeder Mitarbeiter durch seine Leistung befriedigt.

Wir waren damals in ein Forschungsprojekt eingebunden, bei dem es um Rehwild ging. In diesem Rahmen sollten nicht nur möglichst viele Kitze markiert werde, ich musste auch Kitze einfangen, die dann von Hand aufgezogen wurden und der Forschung dienten. Kitze fängt man am leichtesten, wenn man während der Setzzeit mit dem Auto die Wiesen abfährt und die

Geißen beobachtet. Man wartet, bis eine Geiß ihr Kitz gesäugt hat, prägt sich den Platz genau ein und spurtet auf die Geiß zu. Diese springt erschreckt ab, und das Kitz macht meist augenblicklich „down". Schwieriger ist es mit Kitzen in ihrer dritten Lebenswoche, vor allem dann, wenn die Entfernung zwischen dem Markierer und den beiden Rehen groß ist. Dann bleibt die Geiß oft einen Moment zögerlich stehen, und das Kitz versucht ihr schon zu folgen. Je näher Geiß und Kitz dem Waldrand sind, umso kritischer ist die Sache. Erreicht das Kitz den Wald, ist es für den Markierer oder Fänger verloren. Es gab aber auch die Situation, dass sich das gesäugte Kitz wieder in der Wiese ablegte und die Geiß langsam weiterzog. Dann war das Finden des Kitzes im hohen Gras gar keine so leichte Sache.

Nun, Ricke, die mich ja immer und überall begleitete, hatte solche Markierungsaktionen nur zwei- oder drei Mal aus dem Auto heraus beobachtet. Das hatte ihr genügt, um zu begreifen, um was es mir ging. Fortan spurtete sie gemeinsam mit mir los, was bei der Geiß kein Zögern mehr zuließ. Sie hatte dabei aber immer das Kitz im Focus, nie die Geiß. Da Ricke ungleich schneller war als ich, erreichte auch kein Kitz den Wald. Alle machten augenblicklich down, und alle wurden von Ricke in wenigen Augenblicken gefunden. Dann stand sie freudig wedelnd davor, lachte mich förmlich an und wartete darauf, dass ich die Markierzange zog und die Marke setzte.

Ricke hatte zu Rehkitzen eine besondere Beziehung. Schon im ersten Jahr meiner Allgäuer Zeit, wurde uns ein Rehkitz gebracht, das beim Mähen gefunden und von uns von Hand aufgezogen wurde. Ricke übernahm vom ersten Moment an die Mutterrolle und umsorgte das Kitz. Anfangs lebte „Bambi" in unserem kleinen, eingezäunten Forsthausgarten, später durfte es – vor jagdlichen Übergriffen mit einem gut sichtbaren Markierhalsband gesichert – frei laufen, besuchte uns und Ricke aber immer wieder.

Zu Jungtieren jeder Art hatte Ricke ein ganz besonderes Verhältnis. Sie hielt, im Gegensatz zu Militärs und Politikern, die Genfer Konvention ein, zumindest was „Kinder" betraf. Im zarten Alter von sechs oder acht Monaten fing sie ein sich vor ihr drückendes und dann doch noch flüchtendes Junghäslein, was mir besonders peinlich war, weil in fremdem Revier geschehen. Der Umstand, dass ich von ihrer Leistung scheinbar nicht erfreut war, genügte, dass sie fortan Jungwild, aber auch Jungkatzen oder Küken absolut in Ruhe ließ. Das Junghäslein ließ ich mir damals für die Lehrsammlung präparieren.

Mehrmals hat mir Ricke bei Reviergängen auch im Wald abgelegte Kitze und einmal sogar ein Hirschkalb gezeigt. Hatten wir Sichtkontakt, etwa beim Holzauszeigen, stand sie einfach vor dem gefundenen Kitz und wedelte erfreut. Das nicht mehr ganz so junge Kalb, es war sicher schon zwei Wochen alt oder etwas mehr, lag in einer Fichtendickung. Durchaus möglich, dass es in Begleitung seiner Mutter war. Es lag auch nicht, sondern stand, und Ricke verbellte es eher behutsam. Ich befand mich ganz in der Nähe auf der Forststraße und konnte mir zunächst gar keinen Reim machen, kroch aber doch in die Dickung. Bei meiner Annäherung wollte das Kalb ausbrechen, was Ricke jedoch verhinderte. Markierzange hatte ich damals keine dabei, wohl aber einen Fotoapparat im Auto, den ich holte.

Jedes Ende ist tragisch

Auch wenn ein Nachbar oder Arbeitskollege stirbt, den man nicht so besonders mochte, berührt es einen normal empfindenden Menschen, einfach weil der Tod etwas ist, das uns alle berühren muss, weil er jeden von uns erwartet. Ricke stand uns sicher sehr nahe. Mir besonders, weil wir täglich zusammen waren und weil sie mir in ihrem noch relativ jungen Leben oft in schwierigsten Situationen geholfen hat. Meiner Frau Heidi stand Ricke nahe, einfach weil sie zur Familie gehörte und von ihr stets liebevoll versorgt wurde. Und dann waren da auch noch unsere drei Kinder, die in ihrer Derbheit von Ricke mit großer Toleranz ertragen wurden.

Ich muss mir nicht vorwerfen, mit Ricke rau umgegangen zu sein. Dafür sorgte schon ihr weiches, angenehmes Wesen, ihre Lernbereitschaft und Anhänglichkeit. Trotzdem würde ich heute das eine oder andere noch gelassener sehen, einfach weil Hunde für mich längst keine jagdlichen „Arbeitsgeräte" mehr sind, die nach einem ganz bestimmten Reglement zu funktionieren haben. Auch jeder von uns wird mit Erwartungen konfrontiert, mit denen er nicht zurechtkommt oder gar nicht zurechtkommen will.

Gewiss, wer sich einen Jagdhund anschafft, tut das, weil er diesem nach der Ausbildung ein bestimmtes Aufgabenspektrum übertragen will. Was zu diesem gehört, sagen nicht unbedingt Revierverhältnisse und Vernunft, sondern die Prüfungsordnung. Auch bei uns im Gebirge führen nicht wenige Jäger Vorstehhunde – auch auf Prüfungen. Kärntner und Tiroler – ich habe am Anfang dieses Buches schon darüber gesprochen – fahren mit ihren Hunden ins Burgenland oder nach Oberösterreich, weil es dort weit mehr Hasen gibt als daheim. Sie wollen ihren Hunden Gelegenheit geben, frische Hasenspuren zu arbeiten, um zu sehen, ob sie spurlaut sind. Schließlich gehört die Hasenspur bereits zur Anlagen- oder Jugendprüfung. Im Prinzip gilt das auch für Stöberhunde oder Bracken. Nicht wenige Wachtelhunde gehen im eigenen Revier höchstens einmal ins Wasser, um sich abzukühlen, doch nie, um im Schilf Enten zu stöbern oder erlegte Enten aus dem Wasser zu apportieren. Trotzdem nimmt man Zeit, Kosten und Mühe auf sich, um den Hund auf die verschiedenen Prüfungen vorzubereiten. Früher war das für mich selbstverständlich; heute sehe ich diese Dinge gelassener.

Ricke wurde nicht alt, und der Abschied fand im vollen, gesunden Leben statt. In den 1970er-Jahren war es noch verboten, Hunde und Katzen vorbeugend gegen Tollwut zu impfen. Zwar gab es diese Forderung von vielen Seiten, doch blockte die Veterinärmedizin mit ihrem Einfluss auf die Politik ab. Geriet ein Hund in Kontakt mit einem anderen, der Tollwut verdächtigen Tier, wurde er amtlicherseits getötet. Ob der Hund sich tatsächlich infiziert hatte, spielte dabei keine Rolle.

Es war ein heiterer Spätwintertag mit erstem Huflattich und Gänseblümchen. Heidi und ich wollten ein paar Tage in die Schweiz fahren. Es sollten unsere ersten gemeinsamen Urlaubstage sein. Meine Mutter war angereist, um Kinder und Hunde zu versorgen und das Forsthaus zu hüten. Am Vormittag fuhren wir noch auf den elterlichen Hof meiner Frau, um uns zu verabschieden. Wir hatten damals schon unseren jungen Gebirgsschweißhund, den Pürschi, von dem nachstehend noch zu erzählen sein wird. Dass ich mir trotz Ricke, die ja hervorragend arbeitete, noch einen Schweißhund zulegte, lag an meinem damals noch vorhandenen Glauben an die Lehren der „Alten". Denn, so galt noch allgemein, ein Hund, mit dem Rehwild nachgesucht werde, sei für schwierige Rotwildnachsuchen nicht mehr zu gebrauchen. Ein kompletter Unsinn! Eher war es so, dass es sich bei Rehwildnachsuchen entweder um sehr leichte Totsuchen oder aber um besonders schwierige Nachsuchen handelt, denen längst nicht jeder Schweißhund gewachsen war und ist. Doch zu dieser Erkenntnis hatte ich mich damals noch nicht durchgerungen.

Jedenfalls waren unsere beiden Hunde bei jenem Abschiedsbesuch auf dem Hof meiner Frau mit dabei. Irgendwie dauerte ihnen unser Palaver zu lange und sie machten sich – unbemerkt von uns – alleine auf den Heimweg. Es war ja nicht sehr weit. Als wir heimkamen, waren auch die beiden Hunde am Forsthaus, und ich sah, dass Ricke eine Verletzung am Vorderlauf hatte, die von einem Biss zu stammen schien. Hinzu kam noch, dass irgendjemand anrief und berichtete, er habe gesehen, wie sich unsere Hunde mit einem Fuchs angelegt hätten. Die Tollwut war damals allgegenwärtig und der Gedanke an einen tollwütigen Fuchs fast zwingend.

Was tun? Wir hatten drei kleine Kinder daheim! Auf keinen Fall sollten die etwas von unseren Sorgen wissen. Rickes Wunde war nicht dramatisch, doch konnte sie dramatisch werden, wenn der Verursacher Träger der Krankheit war. Nun hatte jeder unserer Hunde einen eigenen Zwinger, doch konnte der Drahtzaun einen Kontakt nicht verhindern. Viel schlimmer aber war, dass die in ihren Zwingern befindlichen Hunde durchaus auch Kontakt mit unseren Kindern haben konnten, wenn diese – wie so oft – ihre Finger durch den Draht streckten. Also weihten wir zunächst meine Mutter ein; auf sie war Verlass! Sie musste dafür sorgen, dass die Kinder nicht zu den Zwingern gingen, und sie musste die Hunde versorgen, ohne in direkten Kontakt mit ihnen zu geraten. Das war zwar alles leicht gesagt, aber gar nicht leicht durchzuführen. Beide Hunde hatten ja bisher ständig Kontakt mit uns. Sie begleiteten mich täglich ins Revier, hielten sich auch in der Wohnung auf und waren es gewohnt, mit den Kindern zu spielen.

Meine Mutter, eine Bauerntochter von der Schwäbischen Alb, war eine gestandene Frau, die im Krieg und danach schon andere Situationen gemeistert hatte. Sie beruhigte uns und riet zu fahren. Als wir nach Tagen von unserem kurzen Urlaub zurückkamen, führte mich mein erster Weg zu den Hunden. Pürschi kam spontan an den Zaun und begrüßte mich stürmisch. Ricke jedoch stand etwas verstört im Vorraum ihrer Hütte, ohne mich zu begrüßen. Ob nun wirklich gerechtfertigt oder nicht, der Schreck saß tief. Zwar war ich mir keineswegs sicher, ob Ricke an Tollwut erkrankt war oder nicht. Doch es gab Zeugen, die meine Hunde mit einem Fuchs zusammen gesehen hatten. Mehr noch, es gab eine allgemeine, von Politik und Medien geschürte Tollwut-Hysterie. Vor allem aber: Wir hatten drei kleine Kinder. Damals wurden alle Personen, bei denen auch nur der Verdacht bestand, dass sie mit einem mit Tollwut infizierten Tier in Kontakt geraten waren, zwangsgeimpft. Das war eine recht schmerzhafte, mehrmals zu wiederholende und mit Nebenwirkungen belastete Prozedur.

Um es kurz zu machen: Ich holte die Flinte aus dem Schrank und ging mit Ricke ins Revier ...

Nachsatz: Ich rief einen meiner Jagdgäste in Bonn an, auf dessen Sachkompetenz und Verschwiegenheit ich vertrauen konnte, informierte ihn und bat um seinen Rat. „Maul halten", riet er mir, jeden direkten Kontakt mit dem Schweißhund während der nächsten zwei Wochen vermeiden und sein Verhalten kritisch beobachten. Ich tat, wie mir geheißen, freilich keine vollen zwei Wochen hindurch. Pürsch reagierte völlig normal, freute sich über alle Maßen, wenn ich zu ihm an den Zwinger trat und konnte anscheinend überhaupt nicht verstehen, dass er eingesperrt bleiben musste.

Alles ging gut. Auch die Sorge, dass jener Mensch, der meine Hunde zusammen mit dem Fuchs gesehen hatte, plaudern könnte, erwies sich als unbegründet. Bis heute muss ich immer wieder darüber nachdenken, ob Rickes Ende notwendig war. Wir hatten drei kleine Kinder ...

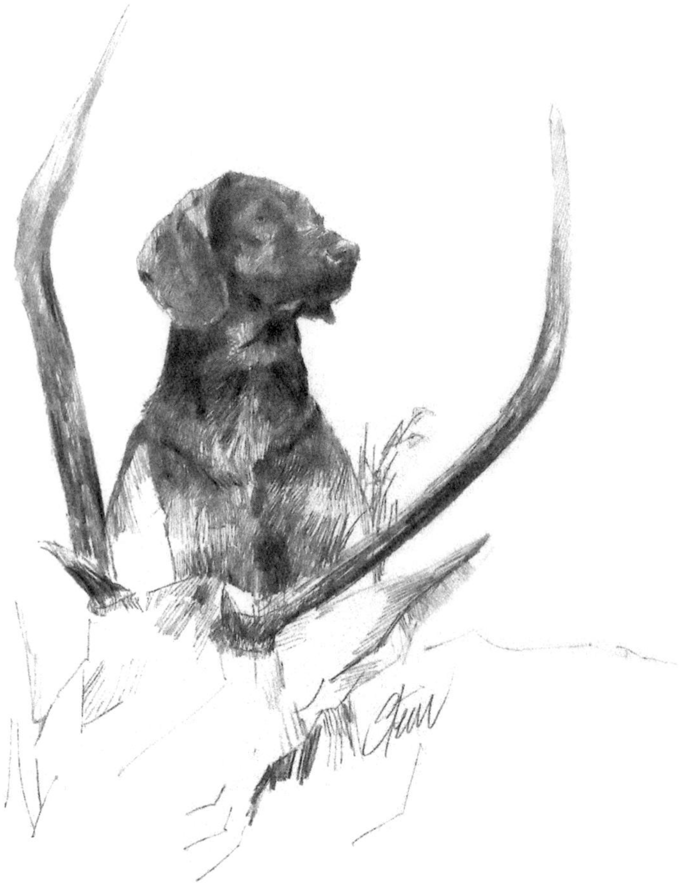

Gebirgsschweißhunde

Pürschi der Große

Gebirgsschweißhunde führte ich zwei, wobei der erste ein Spitzenhund war und der zweite einfach einen Buchstaben zu viel im Namen trug. Pürschi, so hieß unser erster Schweißhund, kam als Welpe zu uns. Er entwickelte sich zu einem sehr angenehmen Begleiter und Familiengenossen. Im Alter von sechs Monaten arbeitete er schon souverän die mit dem Fährtenschuh getretenen Übernachtfährten, ließ sich von gesundem Wild abpfeifen und lag ruhig und aufmerksam unterm Hochsitz. Auch im Dorf gab es keine Probleme mit ihm. Bei Begegnungen mit Katzen genügte eine Ermahnung, und er ignorierte sie. Ebenso wenig brachte ihn Federvieh aus der Ruhe. Das sind, wenn man mit seinen Mitmenschen in Frieden leben will, ganz wichtige Eigenschaften.

Als er das notwendige Alter erreicht hatte, führte ich ihn auf der Vorprüfung im Pfälzer Wald. Ich hatte vor der Prüfung durchaus Bedenken, denn Pürschi hatte damals schon etliche reale Nachsuchen erfolgreich hinter sich gebracht. Es ist ganz einfach so, dass Hunde mit Nachsuchenpraxis das Interesse an Kunstfährten verlieren. Sie durchschauen die Sache einfach. Doch alles ging gut. Es bedurfte keiner Korrektur durch die Richter; Pürschi nahm die Nase auf den Boden und zog die tausend Meter ruhig und ohne irgendwo zu faseln durch. Ich hatte ihn als Verweiser gemeldet, und auch dieses Prüfungsfach erledigte er ohne Mangel. Blieben noch die Anschneideprüfung und das Verteidigen. Daheim im Allgäu hatte er nie angeschnitten, aber bei Prüfungen spüren Hunde ganz sicher einen gewissen Stress, und man weiß nicht, wie sie reagieren. Hinzu kam, dass Pürschi erlegtes Wild rabiat verteidigte. Wer konnte wissen, was im Kopf eines Hundes vorging, ob er vielleicht im Fressen von Wildbret die sicherste Variante sah, es nicht in fremde Hände fallen zu lassen? Doch Pürschi benahm sich tadellos. Das Verteidigen von Mantel und Rucksack erfolgte so entschlossen, dass der Prüfer gleich den Rückzug antrat.

Pürschi hatte, wie alle unsere Hunde, ein besonders inniges Verhältnis zu meiner Frau. Sie konnte eigentlich alles mit ihm machen. Diese Freundschaft endete jedoch abrupt, wenn meine Frau im Revier an ein erlegtes Wild herantreten wollte. War das Wild jedoch erst einmal bei uns am Forsthaus, war für Pürschi die Sache erledigt. Auch unsere damals noch kleinen Kinder konnten sich bedenkenlos erlegtem Wild nähern. Fremde mussten allerdings auch daheim Abstand halten. Das Verteidigen erlegten Wildes war keineswegs eingeübt. Pürschi hatte diese Eigenschaft einfach in sich. Einmal, es war gegen Ende seines ersten Lebensjahres, erlegte ich ein Stück Rotwild. Mit meinem kleinen Renault konnte ich es nicht transportieren. Also brach ich es auf, spreizte den geöffneten Brustkasten mit einem Holz zum Auskühlen und bat meine Frau, das Stück mit dem elterlichen Traktor zu holen. Den Pürschi hatte ich beim Stück frei abgelegt. Irgendein Umstand hinderte mich mitzukommen.

Jedenfalls holte meine Frau am elterlichen Hof den Traktor und fuhr los. Beim Wild angekommen wurde sie vom Pürschi freudig begrüßt. Aber nähern durfte sie sich dem erlegten Stück keinen Schritt. Sie versuchte alles, lockte den Hund erfolgreich zum Traktor, konnte ihn abliebeln, doch vom Traktor weggehen durfte sie nicht. Es blieb ihr nichts anderes übrig, als zurück zum Forsthaus zu fahren und zu warten, bis ich abkömmlich war und mitfahren konnte. In meinem Beisein durfte sie das Stück ohne Probleme anfassen.

Pürschis Ende

Mit Pürschi mussten wir, außer zur alljährlichen Impfung, nie zum Tierarzt. Er war ein rundum gesunder Hund. Meine Frau machte sich die Versorgung unserer Hunde nie besonders leicht. Fertigfutter gab es allenfalls auf Reisen oder als gelegentlichen, sparsam verabreichten Zusatz. Unsere Hunde wurden noch „bekocht".

Wie alle unsere Hunde hatte auch der Pürschi hin und wieder das Verlangen, Gras zu fressen. Dieses scheint ein vorzügliches Verdauungsmittel zu sein. Nun hat ein Jagdhund, der täglich mit im Revier ist und der überdies in einem ländlichen Forsthaus lebt, keine Probleme, geeignetes Gras zu finden. Es sind ja auch keineswegs alle Grassorten, die von Hunden aufgenommen werden. Sie suchen sich ganz bestimmte Gräser aus. Schwierig wird es im Winter, wenn, wie im Allgäu oft der Fall, meterhoher Schnee alles zudeckt.

So war es auch im 1963er-Winter. Dumm war nur, dass ich zwei Wochen auf einen Lehrgang musste und daher meine Frau ohne Auto war. Jedenfalls bekam der Pürschi Probleme. Er fraß immer weniger, und das Wenige, das er fraß, erbrach er regelmäßig. Meine Frau wurde unruhig. Tierarzt gab es bei uns im Dorf keinen, ebensowenig eine öffentliche Verkehrsanbindung. Schließlich bat sie einen Freund um Hilfe, der sie mit Pürschi in die Stadt zum Tierarzt fuhr. Der verschrieb erst ein Abführmittel und verordnete weitere Beobachtung. Am Folgetag war der Pürschi schon recht apathisch. Bei meiner Frau läuteten die Alarmglocken; sie setzte alles in Bewegung, um nochmals einen Termin beim Tierarzt zu bekommen. Diesem war die Sache inzwischen selbst nicht mehr geheuer. Er tippte auf einen Darmverschluss und begann zu operieren. Die Diagnose war richtig. Der Pürschi hatte wohl – in Ermangelung von Gras –

ziemlich viel Wolle gefressen. Diese hatte sich im Darm verklumpt und saß fest.

Die Operation gelang. Doch Pürschi war schon stark ausgetrocknet, und der Tierarzt hatte ihm auch keine Infusion verabreicht. So lag er anderen Tages, als ich vom Lehrgang zurückkam, in Agonie auf seinem Lager neben meinem Schreibtisch. Er war nicht mehr aus der Narkose erwacht und dämmerte hinüber ins Nichts. Meine Frau, die schon wenige Stunden nach der Operation spürte, dass irgendetwas nicht in Ordnung war, rief den Tierarzt an, wurde aber nur beruhigt. Kurz nach meinem Eintreffen hörte Pürschi zu atmen auf. Er war am Tierarzt verstorben!

Pürschis Nachfolger

Ohne Hund ging es damals nicht. Nur wenige Monate, und die Jagdzeit würde beginnen; ein Hund musste her – ein bereits ausgebildeter! In der „Pirsch", einer in München erscheinenden Jagdzeitung, die seinerzeit vor allem den süddeutschen Markt bediente, fand ich eine Kleinanzeige, in der ein Gebirgsschweißhund angeboten wurde. Es war jener, mit dem Buchstaben zu viel im Namen.

Die Anzeige enthielt eine Telefonnummer; diese rief ich an. Ein Förster meldete sich, lobte seinen Hund in höchsten Tönen und bedauerte zutiefst, seinen Treugefährten wegen eines beruflichen Neuanfangs abgeben zu müssen. Kurz und gut, wir trafen uns etliche Tage später in einem Garmischer Wirtshaus. Der Förster erzählte uns viel über die bereits vollbrachten Glanzleistungen seines damals fünf- oder sechsjährigen Hundes, lobte dessen Familienfreundlichkeit. Über den Preis wollte er sich nicht äußern. Wir würden uns da schon einig werden, versicherte er. Erst einmal solle ich den Hund ein halbes Jahr oder so führen, mich von seinen Qualitäten überzeugen, schauen, ob wir beide auch zusammenpassten. Nebenbei erfuhren wir, dass auch er den Hund bereits „second hand" erworben hatte. Von irgendeinem verstorbenen Kollegen habe er ihn übernommen – dem guten Hund zuliebe oder so.

Hirschmann, so hieß unser neues Familienmitglied, machte es sich in unserem Forsthaus bequem. Die Umstellung schien ihn nicht sehr zu belasten, was in aller Vorsicht darauf schließen ließ, dass der Wechsel für ihn einen beruflichen oder zumindest sozialen Aufstieg bedeutete.

Meine größten Bedenken waren, dass ich den Hund eventuell nicht von der Leine lassen konnte. Irgendwie hatte die Schilderung all der vielen, vom Hund bereits erbrachten Wunderleistungen doch ein gewisses Misstrauen erweckt. Die Befürchtungen waren jedoch unbegründet. Hirschmann wich, von der Leine gelöst, nicht von meiner Seite. Er schien überhaupt eine günstige „Ausstrahlung" zu haben. Wenn ich früher den Pürschi selig im Revier vor dem Auto laufen ließ, sprangen die auf Schlägen oder an Dickungsrändern stehenden Rehe stets ab. Bei Hirschmann blieben sie stehen! Hirschmann schien nur seiner Rasse nach zu den Jagdhunden zu gehören. In seinem Herzen stand er Greenpeace und „Vier Pfoten" näher.

Diese Überzeugung gewann ich endgültig eines schönen, lauen Aprilabends. In meinem Revier lag eine kleine, der Forstverwaltung gehörende Almfläche mit einer sehr schönen, fest gemauerten Hütte – der Eschenhof. Vorne Wohnhaus, hinten Viehstall. Im Untergeschoss befanden sich für den Berufsjäger eine Wohnküche und ein Schlafzimmer. Im Obergeschoss hatten sich zwei Forstdirektoren fürs Wochenende eingerichtet. Dort also saß ich eines Aprilabends auf der Bank vorm Haus und genoss die Abendstimmung. Neben mir lag eingerollt der friedliebende Hirschmann. Irgendwann sprangen aus dem an die Almfläche angrenzenden Spirkenmoor zwei übermütige

Rehe heraus – Schmalreh und Jährlingsbock. Sie scherzten miteinander, umrundeten übermütig den Almbuckel, so, wie es junge Rehe gerne tun. Darüber erwachte der Hirschmann und schaute interessiert zu. Zwischendurch gingen die beiden Rehe zur Äsung über. Dann aber begannen sie sich erneut zu jagen. Wer wen jagte, wer vor wem scherzhaft flüchtete, war wohl nicht ausgemacht.

Hirschmann schien von den Rehen einen guten Eindruck zu haben. Jedenfalls sprang er urplötzlich auf und stürmte stumm den Rehen nach, die ihn zunächst gar nicht zu realisieren schienen. Zu dritt drehten sie noch zwei oder drei Runden, ehe die Rehe erkannten, dass ihr Spielgefährte Angehöriger einer ganz anderen Schöpfungslinie war. Erschreckt und laut schimpfend flüchteten sie ins Moor zurück. Der gute Hirschmann aber stand verdutzt ob des abrupten Endes des Reigens oben auf dem Almbuckel und schaute ratlos zu mir herunter. Er war bei dem Reigen auch stumm geblieben. Es schien ihm einfach Spaß gemacht zu haben, mit den beiden Rehen zu spielen. Traurig trottete er zu mir herunter, legte sich seufzend neben die Bank und schlief weiter.

So friedliebend war Hirschmann aber keineswegs immer. Er liebte sein Eigentum und verteidigte dieses auch energisch. Als Eigentum betrachtete er alle Baulichkeiten oder auch Autos, die er als erster, also vor einem ihn begleitenden Menschen betrat. Das führte eigentlich jeden Abend zu einem kleinen Konflikt, wenn ich vom Revier nach Hause kam. Erst musste Hirschmann vor der Tür des Forsthauses Platz machen und mich als ersten durch die Tür gehen lassen. Damit war ich für diesen einen Abend als Hausherr anerkannt. Manchmal vergaß ich auf diese Marotte und öffnete die Tür, ohne die Rangfolge zu beachten. War aber Hirschmann vor mir im Hausgang, ließ er mich nicht mehr hinein! Da gab es einen kleinen Trick. Das Forsthaus hatte nämlich auch einen Hintereingang. War die dortige Tür nicht verschlossen, gelang es immer noch, zuerst ins Innere des Hauses vorzudringen. Gelang dies, so gab sich Hirschmann geschlagen. Nun kam es aber auch vor, dass ich zwar die Rangordnung peinlich beachtete und zuerst durch die Tür ging, dann aber zunächst in der Stube mein Gewehr versorgte. In der Zwischenzeit machte sich Hirschmann in die Küche auf, wo er unter der Eckbank Platz nahm. Meine in der Küche befindliche Frau akzeptierte er dann, denn sie war ja vor ihm in der Küche, nicht aber mich. Er ließ mich nicht mehr an den Tisch. Da kam es regelmäßig zu größeren, existentiellen Auseinandersetzungen um die häusliche Vorherrschaft.

Hirschmanns Ende

Farblich passte Hirschmann bestens zu Loden und Hirschleder, doch jagdlich war er absolut nicht zu gebrauchen. Daher hatte ich mich vorsorglich um einen Brandlbracken-Welpen umgesehen. Hirschmanns Schicksal war zu dieser Zeit noch absolut offen. Immerhin konnten wir ihn wieder an seinen früheren Besitzer zurückgeben oder ihn als Deko-Bestandteil des alten königlich-bayerischen Forsthauses betrachten.

Eines Tages rief mich unser ehemaliger Forstamtssekretär an. Er war als Forstwart zur benachbarten Bundesforstverwaltung gewechselt und bat mich, mit ihm das neue Revier anzuschauen. Er holte mich mit seinem Dienstwagen ab, den wir bei einer Forsthütte stehen ließen. Wir waren den ganzen Nachmittag hindurch zu Fuß unterwegs. Erst am Abend kehrten wir zur Hütte zurück. Hirschmann war mit von der Partie. Der Kollege schloss sein Auto auf, öffnete Tür und Kofferraum, und schon war der Hund auf dem Rücksitz und ließ uns nicht mehr zum Wagen. Wir gingen in die Hütte, tranken ein Bier und hofften, der Hund würde sich zu uns gesellen. Er tat es nicht. Er blieb auf dem Rücksitz liegen und zeigte uns seine Zähne, sobald wir uns dem Auto näherten. Es half nichts; wir schnitten uns zwei lange Haselstecken und versahen jeden mit einer großen, aus einem Strick gebastelten Schlaufe. Dann näherten wir uns von zwei Seiten dem Auto. Während der Hund Anstalten machte, mich anzufallen, öffnete der Kollege auf der gegenüberliegenden Seite ebenfalls die Tür. Damit hatte der Hund einen „Zweifrontenkrieg" provoziert. Sofort waren wir – einer rechts, einer links – mit unseren Haselstecken dabei und versuchten, dem Hund die Schlingen über den Kopf zu ziehen. Das war insofern schwierig, weil dieser sich ständig in einen der Stecken verbiss. Schließlich gelang es aber doch, und als die erste Schlinge saß, konnten wir ihm auch die zweite überstülpen. So konnten wir ihn einigermaßen gefahrlos aus dem Auto ziehen. Kaum heraußen, war Hirschmann wieder freundlich zu uns und lammfromm. Wichtig war nur, dass nun einer von uns beiden vor ihm im Wagen saß.

Damals wurde mir klar, dass der Hund nicht sehr alt werden würde. Sein Vorbesitzer musste dieselben Probleme mit ihm gehabt und nur deshalb abgegeben haben. Auf der anderen Seite tat er mir auch wieder leid. Zwar konnte man jagdlich gar nichts mit ihm anfangen, aber wenn er nicht gerade ein Haus oder ein Auto verteidigte, das ihm gar nicht gehörte, war er ja ein ganz lieber Kerl.

Sein Ende kam dann schneller als gedacht. Es war Samstag, und wir wollten ins Altmühltal fahren, um den Brandlwelpen abzuholen. Die Kinder waren bei meiner Mutter untergebracht, und Hirschmann hatte mit anderen Hunden keinerlei Probleme, egal ob sie alt oder jung waren. Unser Auto stand in der Garage, Kofferraumklappe und Türen standen offen, da wir sukzessive unser Gepäck einluden. Da geschah es: Hirschmann war ums Haus gebummelt, fand das in der Garage stehende Auto offen und machte es sich auf dem Rücksitz – von uns unbemerkt –

bequem. Meine Frau brachte ahnungslos ein Gepäckstück zum Wagen und wurde aus heiterem Himmel angefallen. Hirschmann hing ihr am rechten Handgelenk und ließ nicht mehr los. Sein Gebiss saß wie ein Schraubstock. Meine Frau schrie auf, und ich eilte ihr zu Hilfe. Sofort zeigte sich der Hund gegen mich aggressiv, wozu er allerdings den Arm meiner Frau freigeben musste. Der Rest ist schnell erzählt.

Wir behandelten zuerst die stark blutende Wunde meiner Frau, dann nahm ich das Gewehr, stieg ins Auto, das der Hund inzwischen verlassen hatte, öffnete von innen die Beifahrertür, damit er wieder einsteigen konnte und fuhr ins Revier. Es war ein großer Nesthaufen der Roten Waldameise, in dem er seine letzte Ruhe fand. Als ich einige Wochen später Nachschau hielt, fand ich einen sauber skelettierten und gebleichten Schweißhundeschädel für die Lehrsammlung...

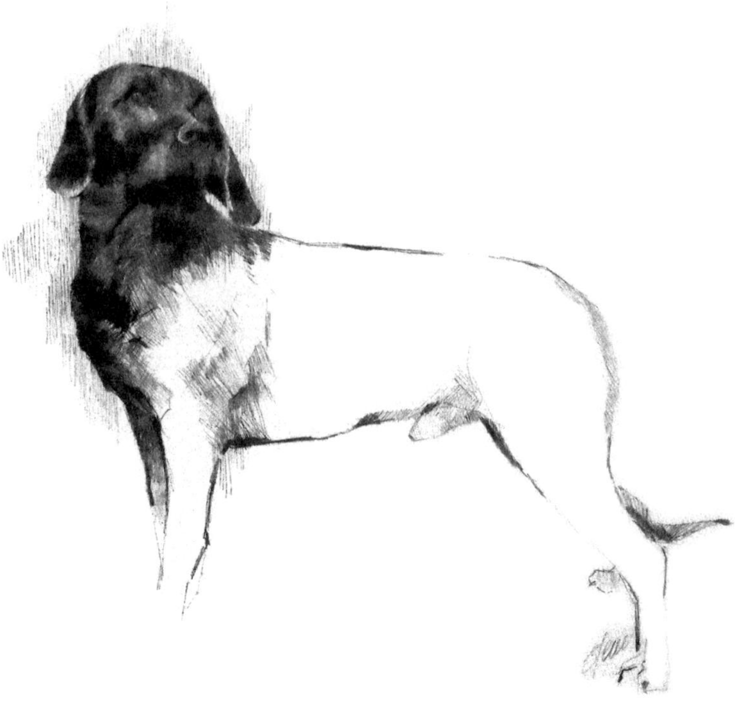

Zur Abwechslung einen Hannoveraner

Vom unerwünschten Ausländer zum Staatsbediensteten

Cäsar hieß er, unser erster und einziger Hannoverscher Schweißhund. Er war gebürtiger Schweizer und stammte aus dem Kanton Glarus. Sein Züchter war Kantonaler Wildhüter und wie seine Frau ein unglaublich netter und hilfsbereiter Mensch. Wir durften uns den Welpen aussuchen. Wie immer war es eine recht schwierige Entscheidung. Ein Welpe war so hübsch und im Verhalten so vielversprechend wie der andere. Die Wahl fiel schwer, doch da wir einen Rüden wollten, reduzierte sich die Zahl der in Frage kommenden Welpen bereits. Schließlich entschieden wir uns für Cäsar.

Ehe wir in die Schweiz fuhren, rief ich das deutsche Zollamt in Lindau an und erkundigte mich über die geltenden Bestimmungen bei Einfuhr eines Hundes. Zwar wusste ich, dass ein Impfpass notwendig war, aber wie war mit Welpen zu verfahren, die aufgrund ihres Alters noch nicht geimpft werden konnten? Der Beamte am Telefon wusste auch nicht mehr als ich, meinte aber schließlich, wenn man noch nicht impfen könne, dann könne man eben nicht. Basta! Danach noch ein Anruf beim österreichischen Zollamt in Bregenz. Dort war man ganz unkompliziert, wollte nur wissen, ob ich Jager sei und den Hund dienstlich benötige: „ Mei, wenn Sie den Hund eh nur durchführen …"

Nun ist es vom Allgäu nicht allzu weit in den Kanton Glarus. Wir hätten in der Früh fahren und am späten Nachmittag wieder zurück sein können. Doch wir ließen uns Zeit. Wir wollten den Welpen nicht abrupt aus seiner gewohnten Umgebung reißen. Also übernachteten wir in der Schweiz und verbrachten auch am Folgetag viel Zeit bei den Hunden. Der Züchter indessen musste seinen Dienst versehen und kam erst am Abend zurück. Daher ging es wohl schon auf Mitternacht zu, als wir die Staatsgrenze erreichten. Eine Autobahn gab es damals im Grenzraum zwischen der Schweiz, Deutschland und Österreich noch nicht. Die Einreise von Sankt Margareten nach Österreich erfolgte problemlos. Der Schweizer Grenzer hatte gegen die Ausreise eines vierbeinigen Schweizer Staatsbürgers ohnehin nichts einzuwenden, und der Österreicher nahm unseren Cäsar eher wohlwollend zur Kenntnis. Zwar wurden wir nach den Impfpapieren gefragt, der Zöllner akzeptierte aber diskussionslos, dass der Welpe – die Ahnentafel hatten wir – für eine Dreifachimpfung noch zu jung war. Doch seine Frage nach der Impfbescheinigung machte uns hellhörig, erst recht sein wohlmeinender Hinweis, dass „der Deutsche" wahrscheinlich Probleme machen werde.

So vorgewarnt, vermieden wir den eigentlich logischen Grenzübergang Hohenweiler hinter Bregenz und fuhren einen Umweg, hinauf nach Möggers und von dort hinüber ins deutsche Weiler. Das war natürlich ein Fehler, denn wenn einer zu später Stunde aus der Schweiz kommend ins Allgäu will, dann fährt er nicht zur Gaudi einen zeitraubenden Umweg – dann will er auf dem schnellsten Weg heim! So ein klein wenig hatte ich gehofft, dort oben in den Bergen werde uns „der Deutsche" durchwinken. Zudem lag der dortige Grenzübergang im Wald und war, verglichen mit Hohenweiler, eher spärlich beleuchtet.

Heidi trug an jenem Tag einen weiten, grünen Lodenrock, sozusagen eine Art Tarnzelt zur illegalen Einfuhr von Schweißhundewelpen. Unter dem hatte sich Cäsar zusammengerollt und schlief. Nichts, aber auch gar nichts deutete im Auto auf seine Anwesenheit hin – meinten wir. „Der Deutsche" am Grenzübergang Weiler zeigte sich trotz der späten Stunde (oder vielleicht wegen ihr) recht aktiv. Er winkte mich, noch ehe er nach dem Woher und Wohin fragte, sofort auf die Seite: „Die Pässe bitte! Danke. Haben Sie etwas anzumelden? Öffnen Sie bitte das Handschuhfach. Danke. Öffnen Sie die Motorhaube und steigen bitte aus."

Ich versuchte, Gelassenheit auszustrahlen und mimte Freundlichkeit. Hauptsache war, Heidi durfte sitzen bleiben und Cäsar verhielt sich ruhig. Die Kontrolle des Motorraumes beanspruchte nur einen Blick, alles war in Ordnung. Dann leuchtete der Zöllner mit der Taschenlampe den leeren Rücksitz ab. Auch in Ordnung. Jetzt noch der Kofferraum, in dem – was sonst – unser Koffer lag: „Bitte öffnen!" Der Ton wurde um eine Nuance schärfer. Ich zeigte mich hilfsbeflissen und öffnete den Koffer. Der Uniformierte fummelte zwischen Waschtaschen, Ersatzhose und Pullover herum. Nichts! Ich sah uns schon „übern Berg", wollte schon nach dem Kofferraumdeckel greifen, in dem Moment sah der Zöllner eine kleine Plastikschüssel hinter unseren Bergschuhen. Er wandte sich ab, öffnete die Beifahrertür, leuchtete mit seiner Taschenlampe den Fußraum ab und fragte – schon ziemlich siegessicher – meine Frau: „Was haben Sie unter ihrem Rock?"

Heute brächte eine solch dreiste, zweideutige Frage einem Beamten leicht Unannehmlichkeiten ein: „Sexistischer Zollbeamter belästigt Frau eines Försters". Viel einfacher wäre es gewesen, meine Frau aus dem Auto herauszubitten. Zurückgeblieben wäre dann der schlafende Cäsar. So blieb keine andere Wahl, als korrekt zu sagen, dort schliefe unser Hund. Bezüglich der Einfuhrbedingungen spielten wir die Ahnungslosen, was ihn jedoch keineswegs beeindruckte. Hundert andere mochten sich in ähnlicher Situation schon ähnlich doof gestellt haben. Es kam zu einem längeren Hin und Her, zum Austausch tatsächlich existierender und nur vermeintlich existierender Paragrafen. Ich verwies auf mein Telefonat mit dem Zollamt Lindau. Letztlich mochte die späte Stunde dazu beigetragen haben, dass der Zöllner seine Pflicht verletzte und uns fahren ließ. Vielleicht trug auch meine Eigenschaft als ebenfalls Staatsbediensteter ihren Teil dazu bei. Zwei, drei Wochen hindurch rechnete ich noch mit dem Eintreffen von Unannehmlichkeiten, denn der Hüter von Recht und Einnahmen hatte ja im Laufe meiner „Vernehmung" eifrig geschrieben. Schließlich beruhigte mich die Überlegung, dass zwar er eifrig ge-, ich aber nirgends unterschrieben hatte. Es kam nichts nach, und Cäsar war fortan Deutscher und, als er die Prüfung bestanden hatte, auch vierbeiniger Bediensteter der Bayerischen Staatsforstverwaltung. Gewissermaßen war er somit zum Kollegen jenes Zöllners geworden, wenn auch einem anderen Ministerium zugehörig.

Nachsuchen (-Wettbewerbe)

In meiner Jugend war es – zumindest in Deutschland – undenkbar, mit einem „Hannoveraner" krankes Rehwild zu suchen. Durch eine solche Arbeit sollte der Hund für alle Zeiten „versaut" werden. Tatsächlich war es wohl so, dass Rehwildnachsuchen, wenn es sich nicht um leichte, nach zwanzig oder höchstens fünfzig Meter endende Totsuchen handelt, ungleich schwieriger sind als die Mehrzahl der Nachsuchen auf anderes Schalenwild, Gamswild ausgenommen. Kurios ist, dass sich der Glaube, Schweißhunde hätten eine bessere Nase als andere Hunderassen und seien daher für die Suche angeschossenen Wildes besonders prädestiniert, bis in unsere Tage halten konnte. Nicht nur unter uns Berufsjägern galten die Führung eines Schweißhundes, und hier wieder insbesondere die eines Hannoveraners, als Königsdisziplin der Hundeführung. Was aber die Einarbeitung betrifft, so tut sich der Jäger mit einem Hund, der nur angeschossenes Schalenwild suchen soll und an den auf der

Prüfung kaum andere Anforderungen als die Fährtenarbeit gestellt werden, ungleich leichter als der Führer jeder anderen Rasse mit vielfältigem Aufgabengebiet. Einen Vorstehhund erfolgreich auf der Gebrauchsprüfung zu führen, erfordert ungleich mehr Kenntnis, Arbeit und Geduld als die Einarbeitung eines Schweißhundes. Gerade im Gebirge werden häufig auch Hunde anderer Rassen ausschließlich auf Schweiß geführt und bringen in diesem Arbeitsfeld vergleichbar gute Leistungen.

Damals, in meiner Jugend, durfte und konnte man das alles noch nicht so unverblümt sagen. Die Jagdzeitschriften wagten es gar nicht, derartige Gedanken zu drucken. Zu heftig wären die Proteste gewesen – und die Abbestellungen. Bei vielen Schweißhundeleuten war es damals noch üblich, insbesondere Rotwild bewusst krankzuschießen, um ihre Hunde auf den so entstandenen Fährten einzuarbeiten. Wer in diesen Kreisen verkehrte, wurde immer wieder animiert, es zu tun. Auch diese Tierquälerei wurde ausgerechnet damit begründet, dem Wild unnötiges Leid zu ersparen. Argument: Einige wenige Tiere werden vorsätzlich gequält, vielen anderen werde dadurch das Leid verkürzt.

Nun glaube ich nicht, dass sich ein krankgeschossenes Wild danach sehnt, endlich den Fangschuss zu erhalten, das heißt, endgültig erschossen zu werden. Wir Menschen kämpfen mehrheitlich selbst in ausweglosen Situationen, die wir mit unserem Verstand abschätzen und erfassen können, um jeden Tag des Überlebens. Ob Wildtiere die Ausweglosigkeit bestimmter Situationen erkennen, ob sie eine Todesvorstellung haben, vermag ich nicht zu sagen. Die Todesangst kennen sie ganz bestimmt, auch und sicher gerade, wenn wir sie in schwerkrankem Zustand mit einem Hund verfolgen. Wir setzen bei der Nachsuche ein rationales Denken – das wir für uns selbst in vergleichbaren Situationen ausschließen – gegen Emotion und Überlebenswillen des Tieres!

Um nicht falsch verstanden zu werden: Ich bin durchaus dafür, durch einen schlechten Schuss verletztes Wild im Zuge einer Nachsuche zu erlegen. Das Wort „erlösen" gebrauche ich dabei ungern, weil es eine endgültige und irreparable Handlung nur aus unserer Sicht, nicht jedoch aus der des betroffenen Tieres als Erlösung deklariert.

Ein ansonsten durchaus von mir geschätzter und schon vor Jahrzehnten aus dem Leben geschiedener Kollege, der dem Gebirgsschweißhund und dessen Arbeit sehr verbunden war, bediente sich eines Briefkopfes mit dem Slogan: „Nachsuchendienst ist Rotkreuz-Dienst am Wild". Ich jedenfalls würde mich vor einer Rotkreuzschwester mit Todesspritze, die mich von meinen Schmerzen befreien will, fürchten. Ich würde unbedingt versuchen, sie zuerst zu erledigen!

Also das Krankschießen von gesundem Wild war seinerzeit in manchen Kreisen durchaus üblich, nicht nur in Deutschland. Alljährlich veranstalteten die Schweißhundeverbände in einem Mitgliedsland eine Hauptprüfung unter internationaler Beteiligung. Diese Hauptprüfungen fanden ausschließlich auf Fährten krankgeschossenen Wildes statt. Um die benötigte Zahl von „Wundfährten" zu sichern, wurden jeweils größere Verwaltungseinheiten (in Deutschland vor allem staatliche Forstämter) einbezogen. Dennoch standen oftmals viel zu wenig Nachsuchen zur Verfügung, die den Anforderungen der Prüfungsordnung entsprachen. Da die Prüfungen immer mehrere Tage dauerten, hofften Verantwortliche wie Teilnehmer immer, es würden im Laufe der Prüfung neue Anschüsse gemeldet. Es wurde aber auch nicht selten gemunkelt, Wild würde, um die Prüfung zu sichern, absichtlich angeschossen.

In jener Zeit entstand vor allem nördlich der Donau zwischen manchen Försterfamilien ein regelrechter Wettbewerb. Wer die meisten Nachsuchen absolviert hatte durfte stolz sein. Natürlich brüsteten sich auch die Zuchtvereine mit den Leistungen ihrer Mitglieder und Hunde. Alljährlich wurden die angefallenen Nachsuchen, gegliedert nach Wildarten und Schwierigkeit, sowie der Wert des „geretteten" Wildbrets veröffentlicht. Klar – damals kam auch das Wildbret von krankgeschossenem Wild in den Handel, selbst wenn ein Tier erst nach Tagen „erlöst" wurde. Was die Schweißhundeverbände vorexerzierten, machten andere Hundeverbände bald nach.

Der gedankenlose Umgang mit dem Lebensmittel „Wildfleisch", das oft skrupellose Vermarkten von Wildfleisch, das längst mit Keimen hochkontaminiert war, führte schließlich zu den heute gültigen Bestimmungen über die Wildbrethygiene.

Zur Ehrenrettung vieler Schweißhundeführer sei erwähnt, dass sie damals schon andere Wege beschritten, um die Leistungsfähigkeit ihrer Hunde zu dokumentieren. Sie versuchten „Leistungsrichter" ins eigene Revier zu bekommen, wenn dort gerade eine Nachsuche anfiel.

Cäsar der Friedvolle

Verglichen mit unseren anderen Hunden, war er eher ein Spätzünder, was uns aber in keiner Weise störte. Er war durchaus gelehrig, immer bestrebt, seinen Führer bei Laune zu halten und ansonsten – seiner Rasse gemäß – ein recht ruhiger, besonnener Hund. Cäsar war gegenüber meiner Frau und mir außerordentlich anhänglich. Diese Anhänglichkeit trieb zuweilen kuriose Blüten. Einmal hatte ich ihn im Wald abgelegt und pirschte alleine vorsichtig zum Trauf. Draußen stand Wild, und ich lag, um nicht entdeckt zu werden, das Glas an den Augen, auf dem Boden. Cäsar konnte darin offenbar keine dienstliche Handlung sehen. Jedenfalls schlich er sich von hinten an mich heran und ließ sich mit einem tiefen Seufzer auf meinem Rücken nieder. Zu Schuss kam ich dann nicht mehr.

Am Riemen suchte Cäsar recht zuverlässig und ausdauernd. Probleme gab es jedoch regelmäßig, wenn ich ihn schnallen musste. Gab er irgendwann die Hatz auf, dann lief er bis zum nächsten Weg zurück, um dort herzergreifend zu heulen. Cäsar konnte lange heulen; er war sozusagen Dauerheuler, der wehklagend durchhielt, bis er abgeholt wurde. Ich führte zu dieser Zeit noch einen Kurzhaardackel als Zweithund, der immer wieder für Cäsar einspringen musste. Schließlich machte Cäsar nur noch die Totsuchen, während „Waldi", von dem noch die Rede sein wird, mit guter Riemenarbeit und ausdauernden Nachsuchen brillierte. Cäsar war der einzige unter unseren Hunden, der nicht in der Lage war, seiner eigenen Fährte rückwärts zu folgen.

Eine wirklich unangenehme Eigenschaft hatte Cäsar – er brachte jede Katze um, die er erwischen konnte. Dabei habe ich das nie gefördert, hatte auch nie eine Katze vor ihm erlegt. Er hatte es einfach drauf. Das war doppelt ärgerlich, weil wir inzwischen in einem Forsthaus am Rande des Dorfes wohnten und zudem eine etwas schrullige Nachbarin hatten. Sie nannte, als wir das Forsthaus bezogen, sieben Katzen ihr Eigen. Als wir zwei Jahren später zurück ins Allgäu gingen, hatte sie noch eine einzige. Auch die Zahl der übrigen, dem Dorf und seinen Bewohnern zuordenbaren Katzen reduzierte sich deutlich.

Es gab manche peinliche Situation, für die wir uns entschuldigen mussten. Besonders ungut war jene, als Cäsar eine der letzten Nachbarskatzen der Besitzerin förmlich zwischen den Beinen wegschnappte, und das geschah so: Wir hatten damals keine Garage. Daher stand das Auto, wenn ich daheim war, immer vorm Haus auf der Straße. Jedenfalls wollte ich eines Tages nach dem Abendessen noch ins Revier fahren. Cäsar war immer freudig mit von der Partie, so auch an jenem Abend. Ich öffnete die Gartentür und übersah, dass unsere Nachbarin sich vorm Haus mit einer anderen Frau unterhielt. Besagte Katze schmiegte sich zwischen die Knöchel ihrer Besitzerin. Was ich selbst übersehen hatte, entging Cäsar nicht. Kaum war die Gartentür offen, sauste er schon pfeilgeschwind zur Nachbarin, griff die zwischen ihren Beinen sitzende Mieze, tat sie gekonnt ab und apportierte sie dann stolz. Natürlich ein Riesengeschrei, Fenster gingen auf, Leute schauten ... Es war eine mehr als ungute Situation!

Cäsar nahm ein tragisches Ende. Mein Dienstbezirk war eingegattert und mit wilden Schweinen besetzt worden. Nun handelte es sich zwar um genetisch einwandfreie Wildschweine, aber wirklich „wild" waren sie doch nicht. Sie waren, um es genau zu sagen, „maiszahm". Zwei ältliche unbemannte Damen, von der Obrigkeit ausgestattet mit einem ordentlichen Maß Ignoranz, fuhren täglich mehrmals ins Revier, ausgerüstet mit etlichen Eimern voller Mais. Damit wurden die Sauen auf Autos geprägt, von denen nur wenige die Forststraßen befahren durften. Während das reine „Maisauto" der beiden Damen von den Sauen wohlgefällig akzeptiert wurde, mutierten Autos, in denen Jagdhunde saßen, zu feindlichen Fahrzeugen. Nun war Cäsar ein Hund, der das Maul nicht halten konnte. Manchmal musste er, wenn ich im Revier zu tun hatte, seiner und meiner Sicherheit wegen im Auto bleiben. Dann kam es regelmäßig zu verbalen Auseinandersetzungen zwischen Rotten, die das abgestellte Auto inspizierten, es auch als Malbaum benutzten, und Cäsar, der glaubte, es verteidigen zu müssen. Jedenfalls spitzte sich das ungute Verhältnis so zu, dass ich auch zu meiner eigenen Sicherheit den Hund – zumindest in den gerade sauträchtigen Revierteilen – nicht mehr aus dem Auto lassen konnte.

Manchmal siegte freilich der Leichtsinn. So auch eines Nachmittags zur besten Frischlingszeit. Unsere Waldarbeiter arbeiteten unweit einer Forststraße, und so durfte Cäsar mit. Das ging auch ohne Störung. Nur begab ich mich anschließend nicht auf direktem Weg zum Auto. Irgendetwas wollte ich noch in der

Nähe erledigen. Cäsar ging höflich bei Fuß. Doch plötzlich legte er einen Blitzstart hin und schoss förmlich in eine Dickung. In der lagen in ihren Kesseln drei Bachen mit ihrer stattlichen Frischlingszahl. Erst wütender Standlaut des Hundes, dann wildes Gekreische der Bachen, die den Hund attackierten, und schließlich der direkt auf mich zuflüchtende Hund. Ich konnte mich gerade noch auf einen größeren Haufen neben einer Forststraße gepolterter Fichtenstangen retten. Da die Straße sich gut einen Meter übers umgebende Gelände erhob, bildeten die Fichtenstangen bestandsseitig eine steile, von Sauen nicht überwindbare Wand. Straßenseitig stieg der Polter nur sanft und absolut „sauentauglich" an. Die Verteidigungsstrategie der drei Bachen war absolut genial. Während eine Bache regelrecht Angriffe „flog", nahmen die beiden anderen die Frischlinge in ihre Mitte. Cäsar flüchtete bei jedem Angriff auf direktem Weg zu mir. Doch die steile Wand der Fichtenstangen konnte er nicht überwinden. Ich wiederum versuchte, die angreifende Bache durch heftige Rufe und Schwenken der Arme zu vertreiben. Das gelang zunächst auch. Doch sobald sich die Bache wieder zur Rotte absetzte, griff Cäsar erneut an. Abrufen ließ er sich nicht mehr.

Auffallend war, dass sich die Bachen nach jedem Angriff abwechselten. Kehrte eine zurück, attackierte sofort die nächste den Hund. Nach wenigen Angriffen ließen sich die Bachen von meinen Rufen nicht mehr vertreiben. Im Gegenteil, sie drehten den Spieß um und versuchten nun auch mich anzugreifen. Ich griff mir die kürzeste Fichtenstange, die obenauf lag, und versuchte damit abzuwehren, was aber die Sauen nur noch mehr in Rage versetzte. Irgendwann erkannte der Hund, dass er nur über die Straße zu mir auf den Polter gelangen konnte. Das war der gefährlichste Moment, denn was dem Hund möglich war, war auch den Bachen möglich. Die einzige Chance war, jetzt selbst die Bachen dosiert zu reizen, damit sie auf der Bestandsseite blieben. Gleichzeitig griff ich Cäsar an der Halsung. Die zuletzt angreifende Bache beruhigte sich und kehrte zur Rotte zurück, ohne dass ihr Part von einer Kollegin übernommen worden wäre. Einige Augenblicke blieben die Sauen noch misstrauisch herüberäugend am Dickungsrand stehen, ehe sie sich, erregt blasend und die Frischlinge in die Mitte nehmend, davon machten. Mir aber schlug das Herz bis zum Hals, und ich wagte noch lange nicht, meinen wenn auch nur halb sicheren Platz zu verlassen.

Es war noch einmal gutgegangen. Gleichwohl waren meine Frau und ich uns einig, dass sich die Situation nur zuspitzen konnte. So entschlossen wir uns, Cäsar an einen Gutsbesitzer in der Heide abzugeben. Die beiden kamen gut miteinander zurecht; die Katzen des Hofgutes waren cleverer als jene unserer Nachbarin, und alles hätte bestens sein können. Doch dann kam ein junger Autofahrer mit weit überhöhter Geschwindigkeit von der Straße ab und fuhr den auf dem Bürgersteig sitzenden Cäsar tot.

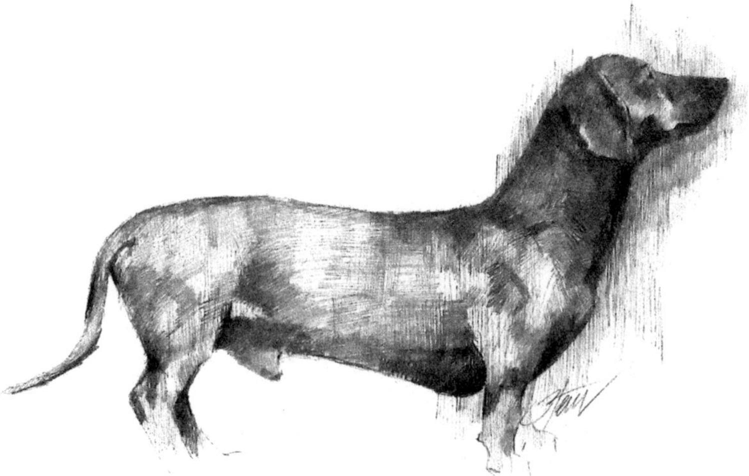

Allerlei Dackeleien

Unser „Cover-Hund"

Bis zu unserem ersten Dackel war es ein gutes Stück Wegs. Nicht im Sinne von Entfernung, eher zeitlich, am eigenen Lebensweg gemessen. Der erste Vertreter dieser in Kindertagen so verehrten Hunderasse war vom kurzhaarigen Schlag und hirschrot – ganz wie auf jenem schon weiter vorne erwähnten Platten-Cover. Dem „Waldi" war die Rolle eines Zweithundes zugedacht. Damals war es, wie gesagt, noch streng verpönt, mit einem Schweißhund – besonders mit einem Hannoverschen Schweißhund – Rehe nachzusuchen. Angeblich waren Hunde, die auf der „süßen" Rehfährte gearbeitet hatten, für jede weitere Arbeit auf der Fährte von Hochwild unbrauchbar. In Wirklichkeit war es einfach so, dass es sich bei Rehwildnachsuchen entweder um ziemlich einfache, kurze Totsuchen handelte oder aber um meist sehr schwierige und langwierige Suchen nach Lauf- oder Krellschüssen. Solche Arbeiten fielen bei Rehen meist deutlich schwerer aus als auf Rot- oder Schwarzwild. Also überließ man sie dem „niedrigen Hundevolk", den Vorsteh-, Stöber- und Bauhunden.

Von unserem Waldi erhoffte ich den einen oder anderen Brackierhasen und selbstverständlich manchen aus dem Bau gesprengten Fuchs. Er zeigte schon als Junghund einen überragenden Spurlaut, einigen Mut und mindestens ebensoviel Eigensinn. Ob er je mit der notwendigen Ruhe ein krankes Reh suchen würde, darüber war ich mir am Anfang einer Berufslaufbahn keineswegs sicher. Bedächtig und voll konzentriert eine Übungsfährte ausarbeiten, das schien nicht seine Sache zu sein. Doch bald kam erstmals die Notwendigkeit, mit seiner Hilfe einen Rehbock zu suchen und – er machte es hervorragend! Waldi schien nicht zu den Berufstheoretikern zu gehören; er war durch und durch Praktiker. So ersparte ich ihm und vor allem mir jedes weitere Herumtheoretisieren auf künstlichen Schweißfährten. Gleichwohl überraschte Waldi ein aufs andere Mal mit seinen Leistungen in der Praxis. Es blieb auch nicht bei Rehwildnachsuchen, schon weil unser zur selben Zeit in Ausbildung befindlicher Schweißhund sich eher als Spätzünder entpuppte.

Ein Herz wie ein Bergwerk ...

Ja, gewiss, den Untertitel habe ich Rainhard Fendrich gestohlen; der sang „Ein Herz wie ein Bergwerk". Ein solches musste Waldi nebenbei erwähnt auch haben. Damit brillierte er vor Publikum auf einer Spurlautprüfung am Vogelsberg in Hessen.

Den Nichtjägern muss man das ein wenig erklären. Hunde sollen, wenn sie ein gesundes Wild verfolgen, was in bestimmten Situationen durchaus erwünscht sein kann, Laut geben, das heißt bellen. Schalenwild, dazu gehören Rehe, Hirsche, Wildschweine und Gamswild, hinterlassen in ihren Fährten ziemlich viel Eigengeruch. Der Hund kann ihre frischen Spuren daher relativ leicht halten. Viel weniger intensiv sind die von Fuchs oder Hase hinterlassenen Spuren, einfach, weil diesen Tierarten bestimmte Duftdrüsen im Fußbereich fehlen. Daher wird der Spurlaut immer auf der schwierigen Hasenspur geprüft. Es geht aber nicht nur darum, ob der Hund Laut gibt. Um dies Schlag auf Schlag zu tun, muss er auch über eine entsprechend gute Nase verfügen. Benötigt er zu viel Zeit, einer frischen Hasenspur zu folgen, kann sich diese verflüchtigen, und er muss aufgeben.

Diese Spurlautprüfung absolvierte ich mit Waldi also am Vogelsberg. So gegen elf Uhr am Vormittag wurde vor unserer

Prüfungsgruppe ein Hase hoch. Ich konnte verhindern, dass Waldi ihn sah. Das ist wichtig, damit der Hund nicht auf Sicht jagt, denn er soll sich ja auf seine Nase verlassen.

Waldi folgte dem längst außer Sicht flüchtenden Hasen mit hellem Laut nicht nur fünf Minuten lang, was schon ganz gut bewertet worden wäre. Er folgte und folgte und folgte. Schließlich gab die Prüfungsleitung kopfschüttelnd auf und beschloss, ins Nachbardorf zum Mittagessen zu fahren. Man bestellte, aß und bezahlte schließlich. Meine Frau hingegen verzichtete aufs Essen und fuhr nochmals ins Prüfungsrevier, wo Waldi immer noch jagte. Endlich, nach eineinhalb Stunden, konnte sie ihn einfangen und kam mit ihm ins Lokal. Natürlich bekam er die Höchstnote, worauf wir stolz waren. Doch eigentlich waren wir eher zu bedauern als zu beneiden, denn Waldi behielt seine Freude und Ausdauer hinterm Hasen bis zu seinem frühen Tod bei.

Oft fuhr ich im Sommer nach Dienstschluss mit ihm zum Waschweiher, einem noch in meinem Revier gelegenen See. Dort wohnte neben vielen Enten, Blässhühnern und anderem Wassergeflügel auch ein Schwanenpaar. Nun sind Schwäne recht mutige Vögel, die nicht nur ihren Nistbereich selbst gegen Menschen verteidigen. Sie greifen auch größere Hunde an, wenn ihnen diese zu nahe kommen. Waldi war ebenso wasserfreudig wie spurlaut und nutzte jede Gelegenheit für ein erfrischendes Bad. Natürlich ließ ich ihn nicht gerade dort ins Wasser, wo sich die Schwäne aufhielten. Aber manchmal durchschwamm Waldi, wenn er die Schwäne irgendwo entdeckt hatte, den ganzen Weiher. Dabei entstanden höchst gefährliche Situationen, denn ein Schlag mit den harten Schwanenflügeln konnte den kleinen Hund zum „Kentern" bringen. Nach einem solchen Gefecht stieg Waldi manchmal frustriert aus dem Wasser. Doch sobald er festen Boden unter den kleinen Pfoten hatte, stieg sein Selbstbewusstsein wieder, und er stellte seine verletzte Ehre durch die Verfolgung irgendeines in der Nähe liegenden Hasen wieder her.

In solchen Situationen halfen kein Pfeifen und kein Rufen. Entweder es gelang, ihm irgendwo den Weg abzuschneiden und ihn einzufangen, oder er jagte bis zur Erschöpfung. Nicht immer war er dabei zu hören. Dafür sorgte schon das Geländerelief. Manchmal mochte er auch so erschöpft sein, dass er eine Pause einlegte, ehe er sich erneut einen Hasen suchte. Jedenfalls fuhr ich mehr als einmal ohne ihn heim. Im Gegensatz zu unserem Schweißhund hätte Waldi über viele Kilometer heimgefunden. So geschah es eines Abends wieder. Der Hund war weg. Mehrmals trat ich am Abend noch vors Haus, immer in der Hoffnung, ihn irgendwo zu hören. Vergeblich! Erst als wir bereits im Bett lagen, hörten wir ihn oben in den Feldern wieder jagen. Während ich mich darauf beschränkte, den „Giftzwerg" zu verfluchen, zog sich meine Frau an und lief in der Nacht hinauf ins Feld und fing ihn ein.

Dank seines glockenhellen Spurlauts und seines ebenso ausgeprägten Spurwillens war mit Waldi auch wunderschön zu brackieren. Im Kempter Wald standen mehrere Jagdhütten. Bei einer, es war die „Alte Jägerhütte", deren Name leicht zu merken war, weil sie jüngeren Datums als die „Neue Jägerhütte" war, hatte ich eines Vormittags zu tun. Während ich irgendwelche Werkzeuge in den Geräteschuppen brachte, nutzte Waldi die Gunst der Stunde. Gleich hinter der Hütte machte er einen Hasen locker und folgte ihm spurlaut den Hang zum Knollerhag hinauf und auf der anderen Seite wieder hinunter. Schließlich verlor sich der Hundelaut. Ich aber hatte meine Besorgung erledigt, den Stadel wieder abgeschlossen und musste warten. Ein Hauch von Ärger kam auf; es ging auf Mittag zu.

So setzte ich mich auf die Bank vor der Hütte und wartete, eigentlich damit rechnend, dass Waldi auf der Spur zurückkäme. Dem war nicht so. Nach einigen Minuten war sein Laut wieder zu hören, und es schien, als käme er ganz langsam näher. Es war tatsächlich so. Der Hase lief im Kreis und näherte sich dem Ausgangspunkt seiner Verfolgung. Im Auto lag nur meine Büchse, die mir nichts half. Es wäre sinnlos gewesen, den flüchtenden Hasen mit der Kugel zu beschießen. Noch in meine Überlegungen hinein war der Hase da, blieb sogar einen Moment sitzen, um sich mit dem Näherkommen des Hundelautes neuerlich in Bewegung zu setzen.

Vergeblich versuchte ich Waldi, als er heran war, abzupfeifen. Er reagierte nicht. Unbeirrt folgte er der frischen Spur des Hasen – neuerlich hinauf zum Knollerhag. Das Ganze wiederholte sich in Variationen. Der Hundelaut schwoll an und ebbte ab, je nachdem, wohin sich die Brackade wendete. Jetzt „stank" es mir gewaltig, nur die Büchse im Auto zu haben. Von der Büchsflinte hätte man das beim flüchtigen Schuss hinderliche Zielfernrohr nehmen können. Zwar hätte man dann, im Gegensatz zur Doppelflinte, nur einen Schrotlauf zur Verfügung gehabt, aber es ist ja auch nicht verboten, gleich mit dem ersten Schuss zu treffen. Es half nichts. Ich stand auf und wartete hinter dem Stadel auf Waldis Ankunft. Daheim wartete das Mittagessen.

Bei dieser zweiten Runde entdeckte ich den Hasen schon von weitem zwischen den Fichten. Die Brackade hatte an Fahrt verloren. Hase und Hund zeigten erste Ermüdungserscheinungen. Zwei Mal machte der Hase Pause, ließ den Hund aufrücken, ehe er sich neuerlich und gemütlich in Bewegung setzte. Und wieder hielt er Kurs auf den Stadel zu, hinter dem ich nun stand. Es wäre keine Kunst gewesen, ihn mit einem Schrotschuss zu erlegen. Auf kaum zwanzig Meter hoppelte er an mir vorbei. Im Abstand von vielleicht hundert Metern folgte ihm Waldi. Ich lief genau auf die Spur, die der Hase für ihn gelegt hatte, und wollte ihn abfangen. Eigentlich musste er von den beiden Bergauf- und Bergabrunden müde geworden sein. Aber nichts da. Als er mich sah, schlug er einfach einen großen Bogen um mich herum, nahm neuerlich die Spur auf und folgte ihr unbeirrt. Gute zwanzig Minuten später näherte sich der Hundelaut neuerlich. Hase und Hund waren im Prinzip dieselbe Runde noch ein drittes Mal gelaufen. Nun war Waldi wirklich erschöpft und ließ sich abrufen.

Einen Hasen drei Mal zum Ausgangspunkt zurückzubrackieren, das war eine brillante Leistung, die es verdient hätte, mit einem erfolgreichen Schrotschuss auf den Hasen beendet zu werden. So aber kämpfte in meiner Brust der Frust über die nicht mitgeführte Flinte mit dem Stolz auf meinen Hund um den Vorrang. Von diesem inneren Kampf völlig unbeeindruckt war zwischenzeitlich daheim die Suppe kalt geworden…

Braver Hund mit kleiner Marotte

Unser Waldi war „privat" ein ausgesprochen liebenswerter, wenn auch manchmal unangenehmer Hund. Letzteres machte sich vor allem beim Autofahren bemerkbar. Nicht bei den alltäglichen Fahrten ins und im Revier, wohl aber bei Überlandfahrten oder wenn wir gelegentlich in die Stadt fuhren, um einzukaufen. Dabei fuhr er absolut gerne Auto. Es genügte, dass die Autotür einen Moment offen stand, schon war er drinnen. Sein Stammplatz war die Ablage vorm Heckfenster. Eigentlich war das unverantwortlich und höchst gefährlich. Bei einem scharfen Bremsmanöver wäre er wie ein Geschoß durch die Windschutzscheibe geflogen. Aber in jenen Zeiten machte man sich darüber noch keine Gedanken. Selbst bei einer Polizeikontrolle hätte es keine Beanstandung gegeben. Airbag, Sicherheitsgurte, ABS und was unsere Autos heute alles an Selbstverständlichkeiten enthalten, es war schlicht noch nicht erfunden. Doch zurück zum Waldi. Bei außerdienstlichen Fahrten lag er also hinten auf der Ablage und jaulte fast nonstop. Da halfen weder Schimpfen noch Fluchen, noch das Werfen irgendwelcher Gegenstände. Unterhalten konnte man sich während solcher Fahrten nicht. Und so fuhren wir regelmäßig die gut vierhundert Kilometer von meinem damaligen Dienstsitz zu meiner Mutter mit anhaltendem Wolfsgeheul. Den Waldi alleine zu Hause lassen, konnten wir nämlich auch nicht.

Hunde mit ähnlichen Marotten bin ich in früheren Jahren mehrmals begegnet. Der größte „Spinner" war der Jagdterrier eines Kollegen. Sooft er aus dem Auto durfte, rannte er gut einen Kilometer laut kläffend die eben gefahrene Strecke zurück. Danach lief er eher gemütlich seinem Besitzer nach. Er tat dies grundsätzlich, auch wenn sein Besitzer ihn im Laufe eines Vormittags zehnmal aus dem Auto ließ.

Was nun die großen Tiere betraf, mit denen Waldi gelegentlich zu tun hatte, so bewies er unglaublichen Mut. Angeblich vermag ja ein Dackel keinen Rehbock niederzuziehen, geschweige denn einem Stück Rotwild an die Drossel zu fahren. Waldi bewies mehrfach das Gegenteil. Einmal wurde in der Früh in einer Wiese ein Rehbock beschossen. Der Schuss zertrümmerte ihm einen Vorderlauf, worauf der Bock flüchtig den Wald annahm. Eine Stunde später war ich mit Waldi zur Stelle. Witterung war mehr als genug vorhanden, und der kleine Hund zog, fest im Riemen liegend, auf den Wald zu. Im taunassen Gras war die Fluchtfährte gut zu erkennen. Der Bock saß entgegen meinen Erwartungen nur wenige Meter im Wald drinnen und wurde bei unserem Kommen hoch. Schnell streifte ich Waldi die Halsung ab und ließ ihn hetzen. Nach kaum fünfzig Metern hatte er den Bock eingeholt und sprang ihn an, worauf dieser samt Hund in einen Moorgraben fiel. Nun mochte der damals noch junge Waldi kaum mehr als sechs Kilogramm gewogen haben, aber er hinderte das Wild an jeder weiteren Flucht. Schnell war ich heran, rief Waldi ab und gab dem Bock den Fangschuss.

Einmal hatte ich einen Jagdgast zu führen, einen eher unangenehmen Menschen, seines Zeichens Zahnarzt. Er versuchte mir den ganzen Abend mit seinen angeblichen Kontakten zur CSU und zur Oberforstdirektion zu imponieren und war überhaupt ein Gast, den ich schnell loszuwerden trachtete. Schon nach einer Stunde begann er zu nörgeln, weil wir noch keinen passenden Bock gesehen hatten. Schließlich wurde es mir zu dumm. Ich setzte mich mit dem Menschen ins Auto und fuhr das Revier ab. Dabei sahen wir einen „mittelprächtigen" Rehbock in einem sehr nassen und daher lückigen Jungwuchs aus Fichte und Erle stehen. Ich ließ den Gast aussteigen und riet ihm zum Schuss. Im Knall drehte der Bock und verschwand flüchtig im Jungwuchs. Dass er die Kugel hatte, schien mir sicher, doch ebenso, dass sie nicht im Leben saß. Mir war, als hätte der Bock im Schuss mit dem Vorderlauf „ausgeschlagen". Der Gast wollte sofort zum Anschuss, denn der Bock musste seiner Überzeugung nach hinter der nächsten Fichte liegen. Bisher lag – so versicherte er mir – alles von ihm beschossene Wild im Feuer.

Jedenfalls war ich, diesen Bock betreffend und auch ganz allgemein mit Blick auf den Gast, eher vom Gegenteil überzeugt. Ich bat ihn, beim Auto zu bleiben und zu warten, bis ich den Anschuss untersucht hatte. Dort fand ich jedoch absolut nichts. Dennoch wollte ich nicht an einen Fehlschuss glauben. Ohne auf die zahlreichen Ratschläge des Gastes, noch auf seine Forderung, den Anschuss selbst zu untersuchen, einzugehen, fuhr ich heim, um Waldi zu holen.

Dem Gast trug ich auf, immer gute zwanzig Meter hinter mir zu bleiben und das Gewehr auf dem Rücken zu tragen – sicher war sicher ... Die Riemenarbeit führte uns nur wenige hundert Meter weit, da wurde in einem Graben der Bock vor uns hoch und ging fast wie gesund ab. Die Kugel hatte er, das war mir klar. Nur wo? Jedenfalls streifte ich Waldi die Halsung über und ließ ihn hetzen. Nach kaum fünfhundert Metern hatte der Hund den Bock eingeholt, von dem er wahrscheinlich gar nicht sonderlich ernst genommen wurde, und hing im an der Drossel. Der Bock verlor das Gleichgewicht, stürzte und vermochte sich nicht mehr zu befreien. So erhielt er den Fangschuss hinters Blatt.

Den krönenden Abschluss lieferte der Gast selbst. Ihn hatte ich hinterm Wundbett abgelegt. Als ich ihm schließlich den Bock präsentierte, untersuchte er zunächst zufrieden den Fangschuss, um dann, mit Blick auf eine abgeschossene Schale des Vorderlaufes, festzustellen: „Ach, Sie haben ihn ja auch noch getroffen."

Davon, selbst den Blattschuss angetragen zu haben, während mein Fangschuss dem Bock nur die Schalen zerfetzt habe, ließ er sich auch im Gespräch mit unserem Forstmeister nicht abbringen. Klar – bisher lag ja alles von ihm beschossene Wild im Feuer …

Waldi und die Unfallverhütung

Dass Hunde ein Gewehr, den Knall eines Schusses und totes Wild miteinander in Verbindung bringen, verwundert nicht sonderlich. Erlegtes Wild ist für den Hund Beute, und vielfach profitiert er unmittelbar davon. Er wird, wie der Jäger sagt, „genossen gemacht" oder allgemeinverständlich: er bekommt auch etwas von der Beute. Zwar ist die Begegnung unseres Jagdhundes mit erlegtem Wild nicht immer direkt mit Gewehr und Schuss verbunden. Manchmal darf er vielleicht mit in die Wildkammer, wo ein Stück hängt, oder wir fahren bei einem Freund vorbei, bei dem Wild hängt. Mehrheitlich geht der Begegnung mit totem Wild aber unmittelbar eine Jagdhandlung voraus, egal ob wir selbst schießen oder ein anderer Jäger.

Dass Hunde jedoch sehr wohl zu Überlegungen fähig sind, die wir getrost „technisches Verständnis" nennen dürfen, zeigte mir Waldi unzählige Male. Er hatte unzweifelhaft begriffen, dass aus dem Lauf der Tod kommt. Ob sich Hunde Gedanken über den eigenen Tod machen, vermag ich nicht zu beurteilen. Wohl aber wissen sie zwischen einem lebenden und einem toten Beutetier zu unterscheiden. Ich bin auch überzeugt, dass sie den Tod eines Beutetieres als etwas Endgültiges verstehen. Viele Hunde fassen ein erlegtes Wild zunächst einmal am Hals und versuchen es zu schütteln und zu würgen. Manche lassen ziemlich schnell wieder aus, sobald sie merken, dass von dem Tier keine Gegenwehr kommt – sie erkennen, dass es tot ist! Andere wollen überhaupt nicht mehr aufhören und aus dem Würgen wird schließlich ein Rupfen und Anschneiden. Es gibt aber auch Hunde, die totes Wild weitgehend ignorieren, weil sie es als tot erkennen und überdies wohlerzogen sind. Meine Hexi, von der später noch die Rede sein wird, gehörte zu dieser Gruppe.

Waldi war einer, der nie freiwillig abließ. Ich musste ihn jedes Mal anherrschen, damit er sich benahm und nicht zu rupfen begann. In der Natur ist es allerdings völlig normal, dass der Räuber umgehend beginnt, seine Beute oder zumindest Teile von ihr zu verzehren oder in Sicherheit zu bringen. Der Wolf, der versuchen würde, den Gentleman zu mimen, würde verhungern. Seine Artgenossen und zahlreiche andere Konkurrenten würden sich spontan bedienen und ihm nichts übrig lassen.

Doch jetzt bin ich etwas abgeschweift, denn eigentlich wollte ich von Waldis technischem Verständnis berichten. Wenn ich von der Jagd kam und geschossen hatte, wischte ich mein Gewehr immer durch und rieb es mit einem öligen Lappen ab, ehe es in den Schrank oder an den Haken kam. Natürlich ließ mich Waldi nie alleine, solange ich ein Gewehr in den Händen hatte. Er wich aber beim Gewehrreinigen immer aus. Anfangs achtete ich gar nicht bewusst darauf und schrieb sein Ausweichen einfach meinen Bewegungen zu. Irgendwann wurde mir jedoch klar, dass Waldi ganz gezielt der Mündung des Gewehres auswich! Er wich auch dann aus, wenn ich mich zur Probe mit dem Gewehr auf einen Stuhl setzte und dabei dessen Mündung in seine Richtung zeigte. Korrigierte ich dabei das Gewehr derart, dass die Mündung wieder auf ihn zeigte, wich er neuerlich aus. Das war für mich – auch wenn der eine oder andere Leser jetzt verächtlich lachen wird – der unzweideutige Beweis, dass Waldi begriffen hatte, dass aus der Mündung des Gewehrs etwas kommen musste, das den Tod verursachte.

Wer hat Angst vor großen Tieren?

In seinem zweiten Lebensjahr hatte Waldi seine erste Hatz auf Rotwild zu bestehen. Es war Dezember, und es lag knöcheltief Schnee. Ich hatte in einem unserer großen Hochmoorkomplexe ein Schmaltier beschossen. Der Schuss schien etwas tief zu sitzen, und das Stück ging ab. Zwei Stunden später war ich mit unserem Waldi am Anschuss, davon ausgehend, das Stück werde nicht weit verendet liegen. Dem war jedoch nicht so. Allerdings führte mich der Hund ziemlich bald zu einem Wundbett, aus dem das Stück frisch hochgeworden war. Also schnallte ich, darauf vertrauend, dass Waldi stellen würde.

Er tat es. Schon nach wenigen Minuten ertönte aus dem Moor Standlaut. Das war nicht ungewöhnlich, denn vor einem so kleinen Hund stellt sich Rotwild wesentlich schneller und sicherer als vor einem großen Hund. Es nimmt ihn einfach nicht sonderlich ernst. Doch der Standlaut währte nicht lange. Plötzlich war es still. Eigentlich konnte das nur bedeuten, dass das Schmaltier verendet zusammengebrochen war. Wäre es weiter geflüchtet, wäre ihm der Hund fährtenlaut gefolgt. Im Schnee waren die Spur des Hundes und die Fährte des Wildes leicht zu erkennen und die Folge kein Problem. Nach wenigen hundert Metern erkannte ich zwischen den Latschen ein sich auf der Stelle im Kreis drehendes Wild. Es war das kranke Schmaltier.

Die Verwirrung meinerseits war komplett. Wieso drehte sich das Stück im Kreis, und was war mit meinem Hund? Warum gab er keinen Laut? Wo war er überhaupt? Ich hatte das Gewehr schussbereit in den Händen und versuchte, so schnell es ging näherzukommen, wobei mir die Latschen halbwegs Deckung gaben. Auch schien das Schmaltier voll mit sich beschäftigt. Manchmal hielt es inne und fuhr mit seinem Haupt zu den Keulen. Einen Moment glaubte ich hinten Gescheide zu sehen. Aber bei einem Weichschuss tritt das Gescheide seitlich aus und nicht hinten, schon gar nicht auf den Keulen. Im Schuss stand das Stück vollkommen breit. Und dann, etwas nähergekommen, erkannte ich die Situation. Das Stück hatte sich gestellt und von Waldi bailen lassen, hatte wahrscheinlich mit dem Vorderlauf nach dem Hund geschlagen. Dann aber war ihm Waldi zwischen die Keulen gesprungen und hing eisern am Wedel! Leser, die schon einmal einen Dackel zwischen den eigenen Keulen hängen hatten, werden wahrscheinlich bestätigen, dass der erste Gedanke nicht der ist, zu flüchten, sondern jener, den Dackel loszuwerden.

Ich tat etwas, das mir heute zu gefährlich wäre. Ich gab dem sich drehenden Schmaltier auf kurze Entfernung den Fangschuss. Schlagartig brach es zusammen, und der Waldi wechselte ebenso schlagartig vom Wedel zur Drossel. Heute hätte ich einfach Angst, dass ein Splitter meinen Waldi verletzen oder gar töten könnte. Doch darüber hat man sich vor fast einem halben Jahrhundert und ohne das heutige Wissen über die Splitterwirkung von Büchsengeschossen noch keine großen Gedanken gemacht.

Dass auch weibliches Rotwild gefährlich sein kann, weil es sich sehr effizient mit seinen Vorderläufen verteidigt, hatte

Waldi vorher bereits gelernt. Zwei- oder drei Mal war er mir mit jeweils einem Blitzstart entwischt und hatte unweit des Weges ruhendes Rotwild gestellt. Dabei bekam er auch einmal einen Hieb ab. Immerhin lernte er aus diesen Begegnungen.

Ein oder zwei Jahre nach der oben geschilderten Nachsuche sah ich ihn nochmals an einem Rotwildwedel hängen. Es war Juni und Setzzeit des Rotwildes. Meine Frau und ich fuhren um die Mittagszeit von Kempten kommend heimwärts – durchs Revier. Da wir in der Stadt waren, saß Waldi an diesem Vormittag lange im Auto. Er lief aber auch gerne vorm Auto und wollte immer zeigen, dass er schneller war als das Auto. So auch an jenem Junitag. Wir rollten gemütlich hinterher, ließen ihm einen ordentlichen Vorsprung. Doch plötzlich riss es den kleinen Hund förmlich, und er verschwand neben der Forststraße in einer Fichtendickung. Herrgott – das hatte gerade noch gefehlt! Wir hielten an und hörten ihn sofort Laut geben, kaum fünfzig Meter in der Dickung. Es klang nach Standlaut. Vielleicht hatte er einen Fuchs überrascht? Ich pfiff und rief, wollte aber, da gut angezogen und überdies ohne Gewehr, nicht in die Dickung eindringen. Auf einmal – genau wie damals bei dem kranken Schmaltier – war Stille im Busch. Doch es war nur einen kurzen Augenblick still, dann hörten wir ein Wild durch die Jungfichten rauschen. Doch dieses entfernte sich nicht, sondern schien auf uns zuzuflüchten. In dem Moment überquerte auch schon ein Kasten von Alttier, kaum zwanzig Meter vor uns, die Forststraße. An seinem Wedel hing wieder – der Waldi! Auf meinen Schrei ließ er aus, kam freudig wedelnd her und sprang ins Auto.

Survival-Training

Hin und wieder fand es Waldi kommoder, am Abend, wenn ich nach Hause fuhr, einfach im Revier zu bleiben. Im Sommer hatte er diese Anwandlungen eher selten, wohl aber im Winter. Je mehr Schnee lag, je mühsamer für einen kleinen, kurzläufigen Hund die Bewegung wurde, umso eher riss er am Spätnachmittag aus. Während der Jagdzeit waren solche Eigenmächtigkeiten eher selten. Da wusste er, dass jeder Tag mit dem Abendansitz sein Ende fand, und den wollte er nicht versäumen. Schließlich versprach jeder Schuss entweder Arbeit oder Vergnügen. Erstere bestand in gelegentlichen kurzen Totsuchen, etwa wenn ein Reh mit gutem Schuss noch zwanzig oder selten einmal fünfzig Meter flüchtete, ehe es zwischen Fichten oder im hohen Waldgras zusammenbrach. Letzteres, nämlich das Vergnügen, bot sich ihm spätestens beim Aufbrechen und Versorgen des Wildes, bei dem er nie leer ausging.

Die Gefahr, dass Waldi sich selbstständig machte, mich in Eis und Schnee stehen und warten ließ, stieg mit jedem Tag der Schonzeit. Am Nachmittag versorgte ich die Rotwildfütterungen, eine Arbeit, bei der er im Auto bleiben musste. Nicht selten lag aber auch so viel Schnee, dass mit dem Auto kein Durchkommen mehr war und ich die Schi nahm. Mit einem Hund am Riemen lässt es sich nicht Schifahren, auch nicht auf ebenem Weg. Also durfte Waldi zwangsweise hinter den Schiern springen. „Gas" geben durfte ich dabei mit Rücksicht auf seine kurzen Beine nicht. Natürlich hat dem kleinen Hund das Spaß gemacht. Da gab es allerhand zu untersuchen, und er brauchte ungeheure Mengen Urin, um alles Interessante zu markieren.

An den Fütterungen ließ ich ihn nicht frei laufen. Da war die Gefahr, dass er sich selbstständig machte, zu groß. Die sternförmig zu den Fütterungen führenden Wechsel waren, außer bei frischem Neuschnee, vom Wild tief und fest ausgetreten. Da tat sich der Waldi leicht und riskierte schon einmal eine kleine Jagd. Also wurde er, je nach Fütterung, im Rübenbunker oder Heustadel abgelegt. Ich war derweil mit der Futtervorlage beschäftigt, und genau diese Situation nutzte er zuweilen, um sich klammheimlich zu verdrücken. Darin hatte er großes Talent. Er wusste sehr wohl, dass er seinen Aufenthalt mit einer lauten Jagd verriet. Er kapierte selbstverständlich auch, dass mich die Schi im tiefen Schnee schneller und leichter trugen als ihn seine kurzen Beine. Also hielt er's Maul!

Wenn ich nach getaner Arbeit seine Abwesenheit bemerkte und nach ihm rief, schwieg er sich aus und wartete geduldig, bis mir die Sache zu blöd wurde und ich den Rückweg antrat. Irgendwann am abgestellten Auto angekommen, durfte ich dann mit meinem durchschwitzten Hemd fröstelnd auf ihn warten. Nachgekommen ist er selten; es hätte für ihn ja auch keinen Sinn gemacht. In solchen Situationen sorgte ich regelmäßig für eine windgeschützte Kuhle im Schnee, in die ich seine Decke legte. Irgendwann am späten Abend fuhren wir – Heidi und ich – noch einmal hinaus und schauten nach. Auf seiner ausgelegten Decke lag er höchst selten. Häufig sind wir dann in eisiger Nacht gemeinsam den kilometerweiten Weg zur Dürrenbühl-Fütterung gestapft. Regelmäßig lag dann Waldi zusammengerollt im Barren der langen Heuraufe. Die Stirnseiten der Raufe waren mit Brettern verschalt, und direkt an ihr schob er sich einen ordentlichen Haufen Heu zusammen, das er zuvor aus der Raufe gezerrt hatte. Das war sein Lager in eisiger Nacht.

Manchmal begann es ja am Abend leicht zu schneien, sodass man ganz gut abfährten konnte. Waldis Spuren standen selten über den Futterplatz hinaus. Es schien ihm also, wenn er sich am Spätnachmittag verdrückte, nicht um eine ausgiebige Hatz des an die Fütterung kommenden Rotwildes oder um eine Säuberung der umliegenden Einstände zu gehen. Was ihn wirklich bewegte, solche sicher äußerst unbequeme, eisige Nächte zu verbringen, vermögen wir bis heute nicht wirklich zu sagen. Doch in der Rückschau glaube ich, dass er einfach die Raufe und den Futterplatz verteidigte, was ihm auch mühelos gelang. Das Rotwild blieb dann ein, zwei Nächte der Fütterung fern, beziehungsweise wich auf eine andere Fütterung aus.

Es war übrigens nur eine einzige Fütterung, an der sich Waldi regelmäßig verdrückte und die er wildfrei hielt – die in der Abteilung „Dürrer Bühl". Bei ihr war nicht nur am meisten los, sie war auch traditionell die, die zuletzt beschickt wurde. Vielleicht war es Waldi einfach zu mühsam, eine andere Fütterung zu verteidigen, bei der er schon vom späten Vormittag bis zum Abend hätte warten müssen?

Wehleidig war er auch

Waldi konnte am Wild ein wahrer Teufel sein und legte sich, wenn es gerade passte, auch mit anderen Hunden an, besonders mit unserem Schweißhund. Der war ihm an Größe und Kraft natürlich überlegen und zum Glück recht gutmütig. Meist waren es Kleinigkeiten, etwa ein im Garten vergrabener und von Cäsar gefundener Knochen, die Waldi ausrasten ließen. Das Problem war nur, dass er nicht so schnell klein beigab. Andererseits war er auch nicht nachtragend. War ein Kampf ausgefochten, blühte Freundschaft neu auf. Obwohl beides Rüden waren und während der Jagdzeit meist erlegtes Wild im Forsthaus hing, kam es äußerst selten zu Raufereien.

Wenn es aber wieder einmal gekracht hatte, sei es „familiär" mit Cäsar oder im Revier mit einem Fuchs, einem Dachs oder einer Katze, dann „machte" Waldi wirklich krank. Dann wollte er Tag und Nacht bedauert und gepflegt werden. Nun hatten bei meiner Frau alle unsere Hunde nicht nur den sprichwörtlichen Stein, sondern ganze Felswände im Brett. Wenn der Waldi wieder einmal den „Eingebildeten Kranken" gab, dann war sie tatsächlich zu jeder Tages- und Nachtzeit für ihn da!

Im Winter war es wieder einmal soweit. Waldi konnte mehrere kleine Löcher an den Behängen und am Hals vorweisen und meldete sich dienstunfähig. Nun hatten wir damals unsere beiden Hunde tagsüber zwischendurch im Zwinger, während sie nachts in der Wohnung schliefen. Sehr oft sahen sie den Zwinger ja nicht von innen, einfach weil wir drei fast den ganzen Tag miteinander im Revier waren. Unsere beiden Zwinger lagen direkt nebeneinander. Jeder besaß eine geräumige Hütte, bestehend aus Vor- und Schlafraum. In die beiden Schlafräume exakt eingebaut war je ein altes Mostfass. Zwischen der eigentlichen Hüttenwand und dem Fass befand sich Stroh, im Fass Stroh und ein Polster. So ruhten die Hunde geschützt und bequem.

Es wäre einfach gewesen, dem Waldi während seiner kurzen Krankenurlaube einen Platz in der Küche oder im Zimmer anzubieten. Allein, er wollte nicht. Er bestand auf häusliche Pflege in seiner Hütte. So machte ihm meine Frau in jenen Wintertagen, an denen er wieder einmal krank war, eine Gummiwärmeflasche, schlug sie in ein Polster ein und gab sie so in seine Hütte. Das taugte ihm. Natürlich musste er, wenn meine Frau aus dem Haus trat, nur diskret winseln, damit sie ihn sofort besuchte. Er genoss diese Besuche und ließ sich physisch und psychisch pflegen. Dazu musste meine Frau freilich auf dem Boden liegen, mit dem Oberkörper im Hüttenvorbau und mit einer Hand im Fass. War die Wärmeflasche erkaltet, bekam er eine frische Füllung.

Später dann, als ich zu einem anderen Forstamt gewechselt war, gab es keine gar so komfortable Hütte mehr, und Waldi ließ sich im Haus pflegen. Anlass lieferte er mehrfach, einfach weil es ihm nicht eingehen wollte, dass Wildschweine, vor allem ausgewachsene, größer waren als er selbst. Ernsthafte, einen Tierarzt erfordernde Verletzungen zog er sich jedoch nie zu.

Waldis Ende

Waldi war ein liebenswerter Hund, dazu ein brauchbarer, zuverlässiger Jagdgefährte. Aber er war eben ein Dackel, Angehöriger einer Hunderasse, welcher der Mensch über Generationen eine völlig anatomiewidrige Form angezüchtet hat. Hätten sich die Dackel ohne züchterische Einflussnahme entwickeln können, sähen sie heute sicher völlig anders aus. Ihre Körper wären harmonischer, ihr Verhältnis von Schulterhöhe und Rumpflänge wäre ein anderes – ein gesünderes. So aber hat der Dackel heute eine sehr lange Wirbelsäule und sehr kurze Beine. Der Brustumfang ist limitiert. Mit diesem Körperbau lässt sich zwar gut nahezu jeder Fuchsbau erobern, aber schon das regelmäßige Treppensteigen macht den Tieren zu schaffen. Viele leiden unter der „Dackellähme", so wird bei ihnen der Bandscheibenvorfall genannt. Steigendes Körpergewicht erhöht diese Gefahr.

Auch unser Waldi erkrankte früh. Kaum fünf Jahre alt, holte ihn die Krankheit ein. Wer selbst schon einen Bandscheibenvorfall erlebt hat, weiß, wie schmerzhaft ein solcher ist, wie sehr er die Bewegungsfähigkeit einschränkt. Waldi litt furchtbar und gleich doppelt. Es waren nicht nur die großen Schmerzen. Er konnte auch nicht mehr mit ins Revier. Er wollte unbedingt mit und konnte nicht mehr. Als er wieder einmal einen besonders schmerzhaften Schub hatte, entschloss ich mich, seinem Leiden ein Ende zu setzen. Waldi ließ niemanden mehr an sich heran. Er lag nur noch von Schmerzen gebeutelt da, schaffte es nicht mehr aufzustehen, um sich zu lösen oder Wasser zu lassen. Zum Tierarzt konnten wir nicht mehr mit ihm. Was hätten wir tun sollen, den Tierarzt ins Haus kommen lassen, unseren schmerzgeplagten Waldi mit der nötigen Brutalität fixieren, damit der Tierarzt ihm eine Injektion hätte geben können?

In der Nacht lag Waldi winselnd auf seinem Lager neben dem Ofen. Als ich nach dem Frühstück ins Büro ging, mich an den Schreibtisch setzte, schleppte er sich auf dem Bauch zwischen meine Beine. Als auch meine Frau stumm mit dem Kopf nickte, öffnete ich die Schreibtischschublade und machte seinem Leiden zwischen meinen Beinen ein Ende. Das war nicht ungefährlich, doch daran war kein Gedanke mehr. Die kleine, ihn erlösende Kugel steckte im Holzboden.

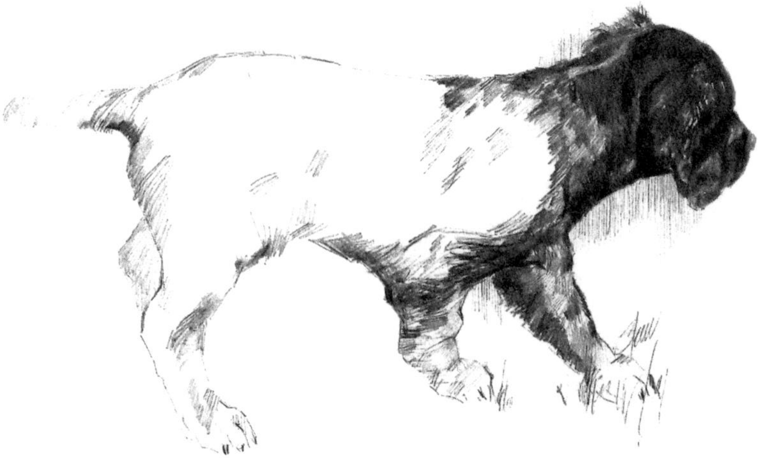

Wachtel – eigentlich ein idealer Hund

Einmal einen Wachtelhund

In den 1980er-Jahren übernahm ich das Revier einer kleinen Forstverwaltung im Allgäu, zu dem auch größere Wasser- und Schilfflächen gehörten. Zur Familie zählte damals noch eine junge, sehr gut veranlagte Brandlbracke aus dem Salzburger Lungau. Es war ein sehr angenehmer Hund, der nur einen einzigen, aber schweren Fehler hatte: „Amsel" wollte nicht Autofahren. Sie vertrug es einfach nicht. Wir versuchten alles, um sie daran zu gewöhnen, doch aus der anfänglichen Unverträglichkeit entwickelte Amsel eine regelrechte Phobie. Sie erkannte recht schnell an der Wahl unserer Kleider und Schuhe, ob wir ins Revier fahren oder zu Fuß weggehen wollten. Auf alles, was ohne Auto geschah, freute sie sich über alle Maße. Wollte ich jedoch ins Revier, was damals ohne Benutzung des Autos nicht möglich war, verkroch sie sich. Das führte so weit, dass sie sich morgens so lange schlafend stellte, bis sie sich Klarheit verschafft hatte, wohin mein Weg führen würde – ins Büro oder ins Revier. An wohlgemeinten Ratschlägen, wie die Auto-Phobie zu bekämpfen sei, fehlte es nicht. Geholfen hat keiner.

Rund zwei Jahrzehnte später standen wir mit unserer „Hexi" vor genau demselben Problem. Hexi war unser erster und einziger Hund ohne Papiere. Ihr Vater war eine Brandlbracke, die Mutter eine hirschrote Dachsbracke. Auch sie war eine Salzburgerin und vertrug das Autofahren nicht. Nach wenigen Kilometern Fahrt musste sie sich regelmäßig übergeben. Auch sie erkannte sehr schnell, was wir vorhatten und verkroch sich unter der Eckbank, wenn sie den Autoschlüssel klimpern hörte.

Wir konsultierten einen Tierarzt, der ein Medikament verschrieb. Wir holten Ratschläge bei anderen Hundehaltern ein. Geholfen hat nichts. Nun war unsere damalige Lebenssituation so, dass wir regelmäßig für ein zwei Wochen nach Deutschland mussten, wobei wir den Hund nicht alleine daheim lassen konnten und auch nicht wollten. Da erhielt meine Frau von ihrer Schwester die Empfehlung, Hexi „Notfalltropfen" zu verabreichen. Für mich war das einfach lächerlich. Zwar zweifelte ich nicht daran, dass diese in Apotheken erhältlichen Tropfen Menschen halfen. Aber Menschen wussten, wozu die Tropfen gut sein sollten, und Menschen konnten sich viel einbilden.

Fakt war, dass die Tropfen unserer Hexi schlagartig halfen. Zwar zeigte sie durchaus eine Abneigung gegen sie, und es bedurfte immer neuer Tricks, um ihr einige wenige (mehr waren nicht notwendig) einzuflößen, aber meine Frau war erfinderisch genug. Verzichteten wir zwischendurch auf die Verabreichung, musste sich Hexi regelmäßig bei der Fahrt übergeben. Doch nach rund sechs Monaten hatte sie die Probleme überwunden, und es ging fortan auch ohne Tropfen.

Doch zurück zu unserer „Amsi". Bei ihr kannten wir die Notfalltropfen noch nicht, und alle von Tierärzten verschriebenen Präparate zeigten keinerlei Wirkung. So entschlossen wir uns irgendwann, für Amsi einen guten – autofreien – Platz zu suchen. Den fanden wir auch bei einem Ehepaar im Chiemgau. Dort hatte Amsel ums Haus einen großen, gesicherten Auslauf, wurde voll in der Familie aufgenommen und erfreute sich täglich an langen Spaziergängen. Viele Jahre erhielten wir noch regelmäßig Post und Fotos.

Amsi lebte also in gesicherten und ihr angenehmen Verhältnissen. Ich aber benötigte dringend einen neuen Jagdkameraden. Bei der Entscheidung, welcher Rasse er angehören sollte, waren die neuen Revierverhältnisse zu berücksichtigen. Unsere Teiche hatten breite Schilfgürtel. Auch ein besonders wasserfreudiger Dackel oder Terrier war hier überfordert. Für einen Vorstehhund sahen wir auch keine Veranlassung. Abgesehen von den Enten und einigen wenigen Waldhasen gab es bei uns im Voralpenland kein Niederwild. Wozu also?

Wir entschieden uns für einen Wachtelhund, für einen Waldjäger eigentlich genau richtig. Einen Welpen fanden wir in Mainfranken. „Dino", ein Schimmelrüde, wurde uns vom Züchterehepaar frei Haus gebracht. Es waren sehr um ihre Hunde besorgte Leute, die keineswegs leichtfertig oder um des Geldes wegen züchteten. Dino entwickelte sich prächtig, passte bestens in unsere Familie und war ein sehr gelehriger und zuverlässiger Jagdgefährte. Doch im Alter von etwa einem Jahr bemerkten wir erste Anzeichen einer Allergie. Natürlich konsultierten wir sofort einen Tierarzt, erhielten Medikament und Ratschläge, erfuhren, dass wir völlig falsch fütterten und befolgten selbstverständlich alles. Wir kauften das vom Tierarzt empfohlene, recht teure Fertigfutter, das Dino nur in der Not fraß, verzichteten auf eine abwechslungsreiche Ernährung des Hundes. Doch die Allergie blieb. Sie zeigte sich in einmal leichteren, einmal schwereren Schüben mit deutlich steigender Tendenz.

Anfangs zeigte sich die Krankheit fast nur im Bereich von Bauch und Beugen. Die Haare fielen aus, und die Haut war rot entzündet. Dino litt unter permanentem Juckreiz und kratzte sich. Der Tierarzt verschrieb eine Salbe, die manchmal Linderung brachte. Inzwischen hatten wir Kontakte zu anderen Wachtelleuten, von denen die meisten über ähnliche Probleme berichteten. Immer wieder kam die Empfehlung, auf ein bestimmtes Fertigfutter „umzusteigen". Zwischendurch kochte meine Frau wieder im alten Stil für Dino, was vorübergehend zur Linderung führte, aber eben immer nur vorübergehend.

Die geleugneten Probleme

Dinos Zustand machte uns inzwischen Sorge. Er war noch relativ jung, und wir wollten ihn nicht verlieren. Nun war ich damals Redakteur einer großen bundesdeutschen Jagdzeitschrift. Also berichtete ich wertneutral über die Probleme und bat unsere Leser um einen Erfahrungsaustausch. Was als erstes die Redaktion erreichte, waren geharnischte Protestschreiben bekannter Züchter. Von Verunglimpfung der Rasse war die Rede, von Ruf- und Geschäftsschädigung, und Schadenersatzprozesse gegen mich und meine Redaktion wurden angedroht. Das Problem musste folglich bekannt gewesen sein.

Es kamen auch andere Zuschriften. Nicht wenige Leser und Wachtelführer hatten offensichtlich dieselben Erfahrungen und Probleme. Doch angesichts von Klagedrohungen und Verbandsinterventionen wurden die meisten „positiven" Leserzuschriften nicht veröffentlich. Das Thema verschwand in der Versenkung. Es schienen bestimmte Zuchtlinien zu sein, aus denen gehäuft Allergiker hervorgingen. Und es schienen besonders erfolgreiche Zwinger zu sein, die alles taten, um eine Diskussion zu unterdrücken. Es zählten die Prüfungserfolge der gezüchteten Hunde und der Preis für die Welpen – sonst nichts.

Selbstverständlich absolvierte ich mit Dino die Jugend- und die Eignungsprüfung, bei denen ja auch der sogenannte Formwert der einzelnen Hunde bewertet wird. Diese Bewertung kennen alle Hundezuchtverbände. Dabei wird geprüft, ob und in welchem Maße der Hund die im jeweiligen „Rassestandard" festgelegten Merkmale aufweist. Er darf nicht zu hoch und nicht zu niedrig gebaut sein. Sein Haar muss den Vorstellungen des Zuchtverbandes entsprechen. Selbst die Augenfarbe ist festgelegt.

Als junger Berufsjäger nahm ich diese Dinge sehr ernst. Heute, im letzten Abschnitt meines Lebens angekommen, frage ich mich, warum für Hunde recht eng gefasste Rassestandards beschlossen werden, während Züchter, Richter, Formbewerter und Hundeführer ausschauen und gebaut sein dürfen, wie sie wollen. Heute bin ich überzeugt, dass vielen Rassen die dosierte Zufuhr von Fremdblut verdammt gut täte. Mit dieser Meinung stehe ich nicht alleine, denn einige Zuchtverbände haben diesen Weg auch schon erfolgreich beschritten. Andere verweigern sich bis heute, fest davon überzeugt, dass die von ihnen vertretene Rasse die einzig wirklich brauchbare und der von ihnen festgelegte Rassestandard der absolut richtige sei.

Je enger die Zuchtbasis ist, das heißt, je kleiner die Zahl der Hunde ist, mit denen gezüchtet wird, umso häufiger zeigen sich gesundheitliche Probleme bei den Tieren. Bei vielen Rassen ist die Hüftgelenksdysplasie (HD), eine Fehlentwicklung des Hüftgelenks, verbreitet. Allerdings verlangen die meisten Verbände für Zuchthunde einen ärztlichen Befund, der die Unbedenklichkeit bescheinigt. Es gibt Rassen, bei denen die Linsenluxation gehäuft auftritt. Bei wieder anderen ist es die Epilepsie oder eben Allergien.

Bei manchen Rassen darf der Züchter den Rüden, der seine Hündin decken soll, selbst auswählen, vorausgesetzt, der Rüde erfüllt die vorgeschriebenen Anforderungen. Bei anderen Verbänden entscheidet der „Zuchtwart", wer mit wem. Da mag bei enger Zuchtbasis auch das Geld eine Rolle mitspielen: Wer darf züchten und Welpen verkaufen; wer darf für seinen Rüden „Deckgeld" kassieren?

Wie ich noch jünger war und als Berufsjäger arbeitete, musste jeder meiner Hunde Ahnentafel und Prüfungen haben. Letztere waren in den meisten Bundesländern Voraussetzung, damit der Hund „anerkannt" wurde. Das heißt, die Landesjagdgesetze bestimmten, dass bei Ausübung bestimmter Jagdarten oder generell für jedes Revier ein „brauchbarer" Jagdhund zur Verfügung stehen musste. Als brauchbar galt nur der Hund, der zumindest erfolgreich eine Brauchbarkeitsprüfung absolviert hatte. Genau hier biss sich die Katze, pardon, der Hund, wieder in den Schwanz. In manchen Bundesländern war der Einfluss der Zuchtverbände nämlich so groß, dass der Gesetzgeber bei den Brauchbarkeitsprüfungen nur Hunde mit Ahnentafeln zuließ. Für die Berufsjäger und Förster wurde aber auch nur dann Futtergeld bezahlt, wenn der Hund eine entsprechende Prüfung hatte. Auf die Leistung kam es dabei nicht an. Der Hund durfte mehrfach durchgeflogen sein. Hatte er es letztlich doch noch geschafft, war er „verwaltungstechnisch" jedem noch so hervorragenden Kollegen ohne Prüfung überlegen.

Selbst auf die Jagdzeitschriften nahmen die Prüfungsverbände Einfluss. Einige liefen Sturm gegen die Aufnahme von Kleinanzeigen, in denen Hunde ohne Papiere angeboten wurden. Das führte dazu, dass manche Zeitschriften eigene Rubriken für Hunde ohne Ahnentafeln einführten. In Österreich war und ist die Situation ähnlich. In der Praxis sind aber die Jäger und Hundeführer deutlich liberaler gesonnen. Hier zählt bei vielen Jägern die Leistung eines Hundes mehr als seine Herkunft und Prüfungszeugnisse.

Nicht nur Schwaben sind sparsam

Sozusagen zum Rassestandard des Schwaben gehört es, sparsam zu sein. Das ist natürlich ein Vorurteil, das schon deshalb nicht (mehr) zutreffen kann, weil es nur noch wenige wirklich „reinrassige" Schwaben gibt. Norddeutsche zogen in den Süden, Schwaben nach Norden; Bayern mischten schwäbisches Blut auf, und Angehörige anderer Völker gaben ihm den Rest. Aber die den Schwaben angehängten Merkmale, nämlich besonders sparsam zu sein und unbedingt ein Haus bauen zu wollen, fanden sich schon vor der allgemeinen Stammesvermischung ebenso in anderen deutschen Gauen. Ich verbrachte einen nicht unwesentlichen Teil meines Lebens im württembergischen Teil des Allgäus, irgendwo hinter Bregenz. Viele der dortigen „Bauernjäger" waren, zumindest wenn es um die Anschaffung eines Jagdhundes ging, tatsächlich sparsam. Hunde mit Ahnentafeln waren ihnen einfach zu teuer. Sie bevorzugten die Produkte wilder Paarungen, die möglichst in ihrer Nähe geworfen wurden. Das galt besonders für „Verschleißhunde" wie den Deutschen Jagdterrier, aber auch für Dackel und Wachtel. „Der bleibt früher oder später ohnehin einmal im Bau", sagte mir einmal ein bäuerlicher Terrierbesitzer. Ein anderer meinte, um von einem Auto überfahren zu werden, benötige sein Hund keine Ahnentafel.

Solche Argumente möchte ich nicht teilen. Aber wenn ich die nicht wenigen Wachtelhunde Revue passieren lasse, die ich im Allgäu etwas näher kennenlernte, dann bleibe ich schnell an einem hängen, den ein im Umgang mit Hunden völlig unerfahrener Jungjäger in unserem Dorf führte. Eigentlich war es umgekehrt. Der braune Wachtel führte den Jungjäger, der sich kaum Mühe mit seinem Hund gab. Dieser war ein ruhiger Begleiter im Revier, ließ sich problemlos ablegen, war spurlaut, suchte zuverlässig die wenigen Rehe, die noch vom Platz gingen, und arbeitete hervorragend im Wasser. Ich habe den Jungjäger oft um seinen Hund beneidet.

Züchter des Hundes war ein Schmied und Jagdpächter in der Umgebung. Auch er legte nie Wert auf Papiere und Prüfungen, war aber für seine brauchbaren und urgesunden Hunde weithin bekannt.

Jetzt bin ich aber unglaublich weit abgeschweift, denn erzählen wollte ich ja von unserem Dino. Das ist eigentlich schnell erzählt. Dino entwickelte sich zu einem meiner besten Hunde. Er arbeitete im Wasser ausdauernd wie überlegen, suchte brav die wenigen Rehe nach, auch wenn es sich manchmal um schwierige Schüsse handelte. Vor allem aber war er leichtführig und sehr anhänglich. Wir brauchten weder eine Leine noch laute Kommandos. Nur alt wurde er nicht; mit sechs Jahren verloren wir ihn, und bis dahin hatte er gelitten!

Dann kam Assi

Nach Iris' Tod – von ihr wird im nächsten Kapitel erzählt – waren wir lange am Überlegen, wer ihr nachfolgen sollte. Die Chance, wieder einen so umgänglichen Terrier zu bekommen, schien mir nicht besonders groß. Unsere Ricke selig spukte mir im Kopf herum, dann wieder der Pürschi. Letztlich landeten wir, trotz der unguten Erfahrung mit dieser Rasse, wieder beim Wachtel. Gesucht hatten wir keinen; es war eher Zufall. Ein guter Freund von uns hatte gerade seinen ersten Wurf liegen. Wir kannten seine angenehme und jagdlich sehr gute Hündin. Ihre Haut war in Ordnung, und der Georg galt uns als sehr verantwortungsbewusster und sorgfältig abwägender Mensch. Er hatte den Deckrüden ganz sicher mit großem Bedacht ausgewählt, sich ganz bestimmt bezüglich dessen Nachkommen kundig gemacht.

Unser Dino selig war Schimmel; Georgs Hündin und ihre Welpen waren braun. Wir bevorzugten weder das eine noch das andere; es war uns schlicht egal. Hauptsache gesund! Bei Georg waren wir sicher, dass die Welpen beste Pflege bekamen. Als sie zwölf Wochen alt waren, übernahmen wir unsere Assi. Mit ihrer ersten Autofahrt hatte sie überhaupt keine Probleme. Nach dreißig Minuten waren wir – rundum glücklich und zufrieden – daheim. Ich hob Assi aus dem Auto, setzte sie auf den Boden, und sie folgte uns ins Haus, als habe sie schon immer hier gelebt. Zehn Minuten später keimten in mir erste Zweifel. Kaum hatte Assi das Wohnzimmer inspiziert, begann sie sich ausgiebig zu kratzen: „Oh Gott, die wird doch nicht auch..."

Heidi schüttelte ob so viel Schwarzseherei den Kopf, erinnerte mich daran, dass sich alle unsere Welpen gekratzt hatten und mit Ausnahme von Dino keiner Allergiker wurde. Ach wie recht sie hatte! Warum nur sah ich die Dinge immer so kritisch und oft regelrecht schwarz? Natürlich hatte Georg den Welpen alle Sorgfalt angedeihen lassen. Sie waren nicht nur entwurmt und geimpft, sondern auch entfloht. Aber Assi kratzte sich in den folgenden Wochen immer häufiger. Wir kontaktierten Georg, und der wiederum die Käufer der übrigen Welpen. Doch außer uns hatte niemand Bedenken.

Assi entwickelte sich ansonsten nicht nur körperlich prächtig, auch jagdlich. Mit vier Monaten buchstabierte sie die Fluchtfährte eines Rehs mit tiefem Herzschuss aus. Sie war unglaublich interessiert, untersuchte alles, machte mich auf alles aufmerksam, was sie fand, und bald zeigte sie auch ihren Spurlaut. Mit neun Monaten arbeitete sie erfolgreich eine kräftig ausgeregnete Übernachtfährte.

Aber – sie war unzweifelhaft Allergikerin. Sie hatte diese typische Wachtelkrankheit viel stärker als unser Dino selig. Natürlich suchten wir schon früh einen Tierarzt auf, der weder ihr noch uns helfen konnte, außer mit der Erkenntnis, dass man damit halt rechnen musste. Wir fuhren auf Empfehlung fünfhundert Kilometer zu einer Tierärztin im Allgäu draußen, die mehrere Therapien einschlug, von der keine half. Im Sommer ihres ersten Lebensjahres hatte Assi im Brust- und Bauchbereich so viel Haar verloren, dass wir sie bei Sonne nicht mehr rauslassen konnten. Sie bekam sofort einen Sonnenbrand. Die Allergie trat schubweise auf. Auf Phasen der Linderung folgten regelmäßig umso heftigere Allergieschübe.

Ein Tierarzt in Kärnten, Jäger und selbst Wachtelführer, wurde uns empfohlen. Wahre Wunder sollte er schon vollbracht haben. Assi erhielt – wie schon so oft – Spritzen und wir die Empfehlung, auf ein ganz bestimmtes Trockenfutter umzustellen. Das alles hatten wir bereits mehrfach hinter uns. Auch die beiden Wachtelhunde des Tierarztes waren Allergiker. Helfen konnte er auch ihnen nicht.

Schließlich wurde uns neuerlich ein Tierarzt im Allgäu empfohlen, von dem ich vorher schon viel gehört hatte. Aus halb Bayern pilgerten meine ehemaligen Kollegen mit ihren kranken Hunden zu ihm. Keiner hatte je ein negatives Wort über ihn verloren. Wir zweifelten nicht an seinen Fähigkeiten und tun dies heute noch nicht. Aber Assi hatte nicht irgendeine Krankheit – sie war Allergikerin! Dieser Tierarzt machte uns Mut, ließ aber auch keine Euphorie aufkommen. In drei Monaten fuhren wir etliche tausend Kilometer. Inzwischen lag eine ausführliche Analyse all der Stoffe vor, auf die unsere Assi allergisch reagierte. Neben einer ganzen Reihe von Grasarten standen auf der Liste auch Futtermilben, wie sie im Fertigfutter zu finden sind, Federn, Wildhaare und – Assis eigenes Haar! Der Tierarzt empfahl uns die Herstellung eines Serums aus Eigenblut und bezeichnete die Heilungschancen als relativ hoch. Die Sache kostete Geld, aber Assi hatte inzwischen einen erheblichen Teil ihres Haarkleides verloren. Bauch und Brust, ebenso die Innenseiten der Läufe waren völlig haarlos und chronisch entzündet, und die haarlosen Stellen wurden immer größer. Assi litt furchtbar, kratzte sich ständig blutig.

Inzwischen war es Winter geworden. Auf die Jagd durfte und konnte ich Assi nicht mehr mitnehmen und auch vors Haus sollte sie möglichst wenig. Ihr halber Körper war ja nackt und schutzlos der Kälte ausgeliefert. So waren auch ihre Nieren in Gefahr. Es war eine furchtbare Quälerei für sie. Kurz vor Weihnachten fuhren wir wieder mit ihr hinaus ins Allgäu. Unser Tierarzt hatte angerufen und mitgeteilt, das Serum sei angeliefert worden. Wir wurden kurz eingeschult, wie die Injektionen zu setzen seien. Die erste erhielt Assi gleich durch den Tierarzt. Wir klammerten uns an die Hoffnung, von der es immer hieß, sie sterbe zuletzt. Doch hinter dieser kleinen Hoffnung stand auch die Erkenntnis, dass auch stirbt, was zuletzt stirbt!

Assis Zustand verschlechterte sich zusehends. Sie wurde nicht einmal ein Jahr alt.

In der Folge erhielten wir viele gute Hinweise, wie wir unserer Assi hätten helfen können. Allergie schien überhaupt kein Problem zu sein. Man muss nur das richtige Fertigfutter kaufen – auch wenn der Hund gerade gegen dieses allergisch ist. Nach und nach sickerte auch durch, dass unter Assis Vorfahren und Verwandten immer wieder Allergiker waren – leichtere und schwerere.

Assis Leiden und schließlich ihr Tod hatten uns ziemlich zugesetzt. Die Meinungsbildung über eine eventuelle Nachfolgerin verlief zeitverzögert und verdammt zach. Ein Wachtelhund sollte es – trotz Liebe zu dieser Rasse – nicht mehr sein. Die Bilder wichen einfach nicht mehr. Wann immer er sich gekratzt hätte, wären Erinnerungen und Ängste hochgekommen. Doch mit Allergien haben auch Hunde anderer Rassen ihre Probleme. Wieder einen Terrier? Ja-ein. Terrier leiden besonders häufig an Linsenluxation! Ja – ein Dackel wäre fast ideal gewesen: kleiner Allrounder, rucksacktauglich! Aber da waren die bitteren Erfahrungen mit der Dackellähme ... Kurz – jeder Rasse ließ und lässt sich auch eine Krankheit zuordnen, die mehr oder wenig häufig auftritt. Wir ließen es auf uns zukommen.

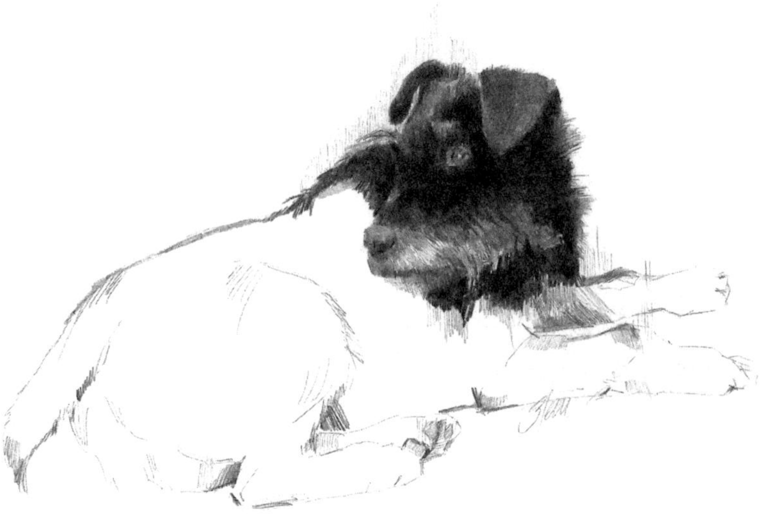

„Iris" – ein gebrochener Schwur

Prädikat „untauglich"

Eigentlich hatte ich das Kapitel „Deutscher Jagdterrier" schon in jungen Jahren abgeschlossen – alles, bloß keinen Terrier mehr! Doch manchmal kommt es anders, als man denkt; da fliegen Grundsätze schon einmal über Bord.

Es begann damit, dass unsere „Mädi", eine rote Kurzhaardackelhündin, vom Pedal eines Mopeds erschlagen wurde. Das schon war irgendwie eine Ironie des Schicksals. Zum selben Zeitpunkt saßen nämlich meine Frau und ich in Ferlach vor einem Kaffeehaus und genossen die Sonne. Erst kam ein Gebirgsschweißhund vorbei, der recht unbedarft zwischen den Autos hindurch die Straße querte, und dann eine ebenso leichtsinnige Brandlbracke. Schließlich sahen wir auch noch einen Rauhaardackel und einen Wachtelhund auf ihren gefährlichen Freigängen, und meine Frau meinte: „Jagdhunde müssen hier billig sein!"

Wir wohnten damals noch im Allgäu, und meine Schwester hütete Haus und Kinder. Unsere beiden Hunde, „Mädi" und der Wachtelhund „Dino", waren beide keine Streuner. Sie waren anhängliche Hausgenossen, die niemals wegliefen. Gelegentlich patrouillierte Mädi unsere Grundstücksgrenze ab, prüfte, ob alles in Ordnung war. Nun grenzten wir auf einer Seite an die Straße, und genau das wurde ihr zum Verhängnis. Just als wir uns in Ferlach Gedanken über Wert und Preis Kärntner Jagdhunde machten, zottelte Mädi auf dem Bürgersteig entlang – genau auf der Kante. Vom Dorf oben kam ein Moped, und just in dem Moment strauchelte Mädi und stolperte über die Bordsteinkante auf die Straße. Da war auch schon das Moped heran und erwischte sie mit dem Pedal genau im Genick. Dem

Mopedfahrer, einem jungen Burschen, passierte zum Glück gar nichts. Aber Mädi war auf der Stelle tot.

Als wir abends daheim anriefen, berichtete meine Schwester, ziemlich aufgelöst, von der Tragödie. Die sollte sich noch ausweiten. Ich erklärte unserem Sohn Thomas, wo er Mädi beerdigen solle – im Revier selbstverständlich. Also fuhren meine Schwester und Thomas mit der toten Mädi in den Gießwald und hoben eine Grube aus, in der unser kleiner Hund seine Ruhe finden sollte. Wer schon einmal im Wald eine Grube gegraben hat, weiß, wie verwurzelt und steinig Waldböden sind. Meine Schwester war damals schon schwer herzkrank und durfte sich nicht anstrengen. Thomas aber war froh, als er die Grube, wie von mir angesagt, sechzig Zentimeter tief ausgehoben hatte. Als wir nach Tagen wieder daheim eintrafen, führte mich der erste Weg ins Revier. Dort fand ich Mädis Grab offen und geplündert. Ein Fuchs, oder war es eine ganze Fuchssippe?, hatte sie ausgebuddelt und verschleppt. Gefunden haben wir sie nicht mehr.

Darüber wurde es Winter. Schnee kam und Vollmond, und ich saß, wie jeden Winter, am Luderplatz. Es kam, wie es kommen musste. Nie in den vielen Jahren, die ich damals schon auf die Jagd ging, schoss ich einen Fuchs am Luderplatz krank. Alle lagen sie im Feuer. Doch irgendwann ist immer das erste Mal. Ein auf ganz manierliche Distanz beschossener Fuchs zeichnete deutlich und ging ab. Im Mondlicht waren deutlich die Schweißspritzer zu erkennen, und im lockeren Schnee stand die Spur. Der Fuchs hatte einen unweit unseres Forsthauses liegenden Nebenbau angenommen. Am nächsten Morgen kontrollierte ich, fand nur die schweißige Spur hinein, aber keine Spur heraus. Also musste der kranke Fuchs stecken. Wie einfach wäre es jetzt mit unserer Mädi oder irgendeinem unserer anderen Bauhunde gewesen! Unser Wachtelhund war mit von der Partie, war aufgeregt, wollte in den Bau, was aber nicht ging, weil er dem schweren Typ angehörte. Also grub ich und grub. Ich grub den ganzen Tag, bis es dunkel wurde. Den Fuchs bekam ich nicht. Ich verstopfte die Röhren, um am Folgetag weiterzugraben. Am nächsten Morgen fand ich eine der verstopften Röhren offen. Der Fuchs hatte sich freigegraben. Irgendwie, das nahm ich als schwachen Trost, fehlte ihm wohl doch nicht so viel.

Ein Dackel sollte wieder her!

Ich gab eine Anzeige in „Wild und Hund" auf und rechnete mit der Qual der Wahl. Es kam völlig anders. Nicht ein einziger Dackel wurde angeboten, wohl aber eine damals achtmonatige Jagdterrierhündin. Der Besitzer schrieb ganz offen, sie verfüge über zu wenig Schärfe; für die Baujagd sei sie ungeeignet, aber ansonsten ein ganz brauchbares Tier. Wir schauten uns die Hündin an, nahmen zur Kenntnis, was der Besitzer zu berichten wusste und dachten uns unseren Teil. Um es kurz zu machen: Mit dem, was ich in meiner Jugend unter dem Namen „Deutscher Jagdterrier" kennengelernt habe, hatte „Iris" wirklich nichts gemein, aber sie wurde mit Abstand mein bester und erfolgreichster Bauhund. Gerade weil sie viel mehr Verstand als Schärfe besaß!

Iris ging gerne ins Wasser, apportierte zuverlässig, suchte halbwegs ruhig am Riemen, ließ sich ruhig ablegen und war ein brauchbarer Begleithund. In fremden Revieren war es jedoch gut, sie an der Leine zu führen. Natürlich hatte sie auch ihre Mucken, die man kennen musste. Sie sprang gerne auf den Schoß, wie um gekrault zu werden. Fand sie ein Opfer, das hierzu bereit war, fuhr sie jedes Mal mit einem giftigen Knurrer herum, gerade so, als wolle sie zubeißen. Doch gebissen hat sie nie; sie spielte nur Theater und wollte überhaupt nicht verstehen, dass sie Fremden damit gehörig Angst einflößen konnte.

In jener Zeit jagte ich ziemlich alleine im Gießwald, im Allgäu draußen. Nicht weit hinter Bregenz. Dank eines Abschusses zwischen 75 und 80 Rehen war Iris nie unterbeschäftigt. Wir wohnten mitten im Wald, umgeben von Fischteichen, zwei Bächen und zahlreichen Dachsbauen. Arbeit gab es genug, daher lernte sie sehr schnell zwischen „Dienst" und „Schnaps" unterscheiden. Sie ging im Revier frei bei Fuß, aber sie jagte lauthals, wenn sie zum Stöbern geschnallt wurde. Als wir später nach Kärnten übersiedelten und auch dort wieder mitten im Wald wohnten, ließ sie die zu unserem Haus kommenden Rehe völlig in Ruhe. Nicht selten war sie mit meiner Frau vorm Haus und lief zwischen den Rehen herum. Auch diese hatten sehr schnell verstanden, dass ihnen von diesem Hund keine Gefahr drohte. Dabei hatte Iris sicher schon fünfhundert tote Rehe an der Gurgel gefasst und ihr Mütchen an ihnen gekühlt.

Ausgenommen ...

Es gab drei Arten von Tieren, bei denen sich Iris nicht einbremsen konnte: Katze, Fuchs und Hase. Bei diesen dreien war sie immer im Dienst, egal wo wir uns befanden. Alljährlich fuhr ich im Herbst zu meinem Freund Peter in die Schweiz. Die Schweizer schießen einen Großteil ihrer Rehe auf Treibjagden mit Schrot. Das ist, auch wenn sich die deutschen und österreichischen Jäger darüber aufregen, eine sehr anständige und effiziente Jagdart – vor allem ist sie tierschutzgerecht! Die Jagdart passt, die sie ausübenden Jäger nicht immer ...

Peters Jagden liefen immer nach demselben Schema ab, und gleich im ersten Treiben befand sich ein Bau. Iris kannte ihn. Wurde sie zu Beginn des Treibens geschnallt, lief sie schnurstracks zu dem Bau und revidierte ihn. Steckte ein Fuchs und sprang, dann war die Sache erledigt, dann folgte sie dem Fuchs vielleicht noch ein paar hundert Meter, um sich in der Folge pflichtschuldigst den Rehen zu widmen. Stank der große Bau aber nur nach Fuchs, ohne dass ein solcher steckte, dann lief sie nach getaner Arbeit gleich zum benachbarten Aaserplatz und wartete dort auf uns.

Unter einem Aaserplatz verstehen die Schweizer Jäger jenen Platz, an dem sie den Aaser einnehmen. Was aber ist ein Aaser? Nun, der Preuße spricht vielleicht von einem „Jagdfrühstück", der Österreicher lässt sich im Revier zur „Jause" nieder. Andere Stämme „machen Mittag" oder umschreiben Örtlichkeit und Nahrungsaufnahme einfach. Freilich hat das Aaser der Schweizer eine völlig andere Qualität. Es stellt ein an Ort und Stelle frei komponiertes Fünfzehn- oder Achtzehngänge-Menü dar, ganz nach der Zahl der beteiligten Jäger. Jeder bringt so viel zu essen und zu trinken mit, dass es eigentlich für alle reichen würde. Was gebracht wird, ist meist vom Feinsten, egal, ob es sich um Wein oder um Käse handelt. Von der heißen Suppe über Käse, Wurst und Steak geht dann bis zur Torte alles reihum, Kaffee und Schnaps eingeschlossen. Jeder gibt jedem. Das ist beste Schweizer Art.

Nicht nur in der Schweiz gibt es Füchse, auch in Kärnten. Manchmal besuchten sie uns. Dafür sorgte schon Iris selbst, die rund ums Haus ihre Lebensmittelreserven vergrub. Einmal überquerte am späten Abend der Fuchs den oberhalb unseres Hauses gelegenen Wendeplatz, und Iris bekam ihn in die Nase. Es begann bereits zu dunkeln, doch Iris folgte lauthals der Spur des flüchtenden Fuchses. Erst halb hinauf zu unserem ebenfalls mitten im Wald wohnenden Nachbarn, dann wieder herunter und dorfwärts. Das Bleiberger Hochtal ist eng, und wenn in den Hängen überm Dorf ein Reh schreckt oder ein Hund Laut gibt, dann hört das fast immer das ganze Dorf. So war's auch damals. Der Fuchs war oberhalb der ersten Häuser, verfolgt vom Hund, in die Felsen geflüchtet. Doch während der wendige Fuchs auch im Gefels weiterkam, blieb der Hund stecken. Inzwischen war es stockfinster, sodass ich umkehren und eine Lampe holen musste. Mit der stieg ich dem Hund hinterher. Ich sah ihn sogar einen Moment auf einem für mich nicht erreichbaren Absatz. Mein Erscheinen motivierte Iris sogar noch. Kein Gedanke an ein Abbrechen der Jagd. Zu allem Überfluss begann es auch noch zu regnen.

Es half nichts. Der Hund hatte nur einen Gedanken: dem längst entschwundenen Fuchs durch die Felsen zu folgen. Und ich war nicht in der Lage, bis zu ihm vorzudringen. Also kehrte ich schweren Herzens um. Besonders dumm war, dass ich am folgenden Morgen schon in aller Frühe in Villach am Bahnhof sein musste. Ich hatte am Abend einen Vortrag in Norddeutschland. Es war eine unruhige Nacht. Bis lange nach Mitternacht hörten wir den Hund überm Dorf Laut geben, und mit uns hörten es sicher zahllose Dorfbewohner, die den „Köter" samt Besitzer verfluchten. Schließlich schlossen wir das Fenster, um wenigstens noch einige Stunden schlafen zu können. In der Früh, als wir aufstanden, war alles still. Wir befürchteten Schlimmes. Der Hund konnte abgestürzt sein, oder er hatte sich in eine Felsspalte gezwängt und saß fest. Nur ungern ließ ich meine Frau mit der Sorge um Iris alleine zurück. Zehn Stunden später erreichte ich mein Hotel in Norddeutschland und griff als erstes zum Telefonhörer. Das mir immer suspekt bleibende Handy war damals noch nicht erfunden.

Alles war gut! Als meine Frau vom Bahnhof zurückkehrte, saß Iris waschelnass und verdreckt, aber unverletzt vorm Haus. Mir fiel ein Stein vom Herzen!

Begegnungen zwischen Hund und Katze können saudumm ausgehen, wenn eine Katze den Unterschied zwischen Schaf und Hund nicht kennt oder wenn sie zuvor nur Hunden begegnete, die sich zivilisiert benehmen. Solche Katzen bleiben, wenn sich ihnen ein Hund nähert, einfach sitzen. Stürmt ein Hund auf sie zu, springen sie oft im letzten Moment auf einen Zaun, ein Fensterbrett oder sonst auf eine erhöhte Position. Unser erster Terrier, der Elch selig, hatte die Fähigkeit entwickelt, Katzen auch im „Flug" zu fangen, ganz abgesehen davon, dass er sie von jedem Zaun oder Fenstersims in Normalhöhe mühelos herunterholte. Nun gab und gibt es auch Katzen, deren Nerven dick genug sind, auch auf diesen letzten rettenden Sprung zu verzichten. Eine solche hatte eine entfernte Nachbarin von uns. Wir wohnten schon etliche Jahre dort oben, als die Dame ihr Haus baute. Und – sie brachte aus Wien eine Katze mit. Täglich gingen wir mehrmals, Iris an der Leine führend, am Haus der Wienerin vorbei. Fast immer saß die Katze vorm Haus oder auf dem Balkon und betrachtete interessiert unseren sich maßlos erregenden Hund. Die Besitzerin der Katze ihrerseits hatte auch Gefallen an unserer Iris gefunden. Uns war nicht ganz wohl dabei, und wir machten daraus auch keinen Hehl.

Etliche Monate ging alles gut. Iris streunte nicht, blieb immer brav bei uns am Haus. Nur manchmal, wenn sie die uns nächstgelegene Nachbarin vorm Haus reden hörte, stattete sie dieser einen Besuch ab, kassierte ihr „Stangele" und zottelte wieder heimwärts. Nun hatte die Dame aus Wien ausgerechnet neben unserer Nachbarin gebaut, und ihre Katze saß gerne sich sonnend auf der Balkonbrüstung. Dieser Balkon war eigentlich eine kleine Veranda, denn es handelte sich um ein Hanghaus, und der Balkon war auch vom Hang her erreichbar.

Um es kurz zu machen: Iris machte wieder einmal einen kleinen Ausflug zur Nachbarin, die im Garten arbeitete. Auf dem Balkon des Nachbarhauses lag die Dame aus Wien in der Sonne, und ihre Mieze saß auf dem Geländer und – wurde von Iris entdeckt. Die ließ Stangele Stangele sein und stürmte los, den Hang hinauf und auf den Balkon. Dort holte sie sich die Katze von der Brüstung und fasste zu. Deren Besitzerin aber jagte unseren Hund nicht zum Teufel, was kein Problem gewesen wäre. Vielmehr flüchtete sie in Panik ins Haus, warf sich, Gesicht nach unten, aufs Kanapee und hielt sich die Ohren zu. Iris zerlegte derweil die arme Mieze. Jedenfalls war, bis ich Kenntnis und den Tatort erreicht hatte, Erste Hilfe nicht mehr zielführend.

Die Sache war in mehrfacher Hinsicht ungut. Erstens tat uns die Mieze leid, denn wir mochten sie. Ging einer von uns beiden ohne Iris an jenem Haus vorbei, kam sie immer, um uns freundlich zu begrüßen, schmiegte sich schnurrend und mit steil nach oben gerecktem Schwanz an unsere Beine. Zweitens pflegten wir mit ihrer Besitzerin ein freundschaftliches, unserer relativen Nachbarschaft entsprechendes Verhältnis. Drittens war uns das Erfolgserlebnis, das Iris bei diesem unschönen Vorfall hatte, in keiner Weise recht, denn es konnte sie nur zu weiteren Attacken ermuntern. Mit der Zeit wuchs jedoch Gras über die leidige Geschichte. Das freundschaftliche Verhältnis zu jener Dame aus Wien hatte keinen nachhaltigen Schaden erhalten.

Manchmal war sie lästig

Auch ein Hund muss nicht unbedingt einen konkreten Schaden anrichten, um lästig zu sein. Das zeigte uns Iris irgendwann Ende der 1980er-Jahre, als wir beruflich ein paar Tage in der Rauris waren. Unser Zimmer lag, so genau weiß ich es nicht mehr, im ersten oder zweiten Obergeschoss des Hotels. Hunde waren im Hotel nicht erwünscht – der Besitzer war Jäger. Doch es war Sommer, die Nächte angenehm, und so schlief Iris im Auto. Dieses stand auf dem Hotelparkplatz, um den herum sich einige Häuser befanden. Vor dem Schlafengehen gab es noch einen großen Spaziergang entlang der Rauriser Ache. Iris durfte frei laufen, konnte sich lösen und zufrieden sein.

In Rauris waren die Nächte damals noch totenstill, nicht so in jener einen Nacht. Es war so gegen drei Uhr, als im Hof ein

Riesenspektakel begann. Iris tobte im Auto, und weil die Scheiben nicht ganz geschlossen waren, gingen ringsum die Lichter an. Zurufe von uns vermochten Iris nicht zu beruhigen. Inzwischen machten die ersten erbosten Anwohner ihrem Ärger ebenso laut Luft. Notdürftig kleidete ich mich an, schnappte Auto- und Hotelschlüssel und versuchte barfuß nach unten zu eilen. Das war leichter gesagt als getan, denn im Hotel war es – warum auch immer – stockfinster. Ich musste mich, immer wieder gegen eine Wand laufend, vortasten. Schließlich erreichte ich den Hof. Auf der Motorhaube unseres Autos hatte es sich – unbeeindruckt von Iris' „Geschrei" – eine Katze bequem gemacht. Der Katze gefiel es so gut, dass ich sie herunterjagen musste. Mühsam beruhigte ich Iris, blieb einige Zeit bei ihr im Auto sitzen, bis all die Lichter um uns herum wieder erloschen waren. Doch kaum hatte ich die Hoteltüre erreicht, kam die Katze zurück und nahm ihren Platz vor der Windschutzscheibe wieder ein, und das ganze Spektakel begann erneut. Also zurück zum Auto, Seitenscheiben geschlossen, Iris an die Leine genommen und mit ihr hinauf ins Zimmer getastet. Es war sozusagen ihre Prüfung als Blindenhund. Sie bestand diese mit Auszeichnung!

Dialog mit einem Fuchs

Mit keinem anderen meiner Hunde machte das Fuchssprengen so viel Spaß wie mit Iris. Das lag auch daran, dass wir beide fast immer alleine loszogen. So war gewährleistet, dass die Füchse nicht merkten, dass sie vor dem Bau der Mensch erwartete. Freilich musste es, wenn ein Fuchs sprang, auch klappen, das heißt, der Fuchs musste im Feuer liegen. Er durfte nicht lernen und seine Erfahrungen mit dem auf dem Bau wartenden Jäger schon gar nicht weitergeben. In der Regel vergingen zwischen dem Einfahren von Iris und dem Springen des Fuchses nur wenige Minuten.

Ich erinnere mich noch gut an einen Sonntagnachmittag im Gießwald. Nach dem Essen deutete ich meiner Frau an, vielleicht mit Iris den einen oder anderen Bau aufzusuchen. Während Heidi, wie immer, irgendetwas nähend oder strickend in der Stube saß, zogen wir beide ohne weitere Worte los. Nicht weit von unserem Forsthaus befand sich ein Fuchsbau. Ich suchte mir einen günstigen Platz, streifte Iris die Halsung über den Kopf und stopfte Patronen in die Flinte. Kaum hatte ich die Flinte zugeklappt, sprang auch schon der Fuchs! Zehn Minuten später waren wir wieder daheim. Meine Frau hatte unser Weggehen gar nicht bemerkt und fragte mich arglos, ob ich nun doch daheim bleiben wollte.

Es waren nicht wenige Füchse, die mir Iris sprengte, aber sie verlor nie den Blick für das real Machbare. So sprang sie abgelegt nie in die Leine, wenn vor ihr auf der Wiese ein Fuchs Mäuse fing oder im Wald nahe dem Hochsitz vorüberschnürte. Einmal saß ich im Gießwald auf dem legendären „Fünfer-Hochsitz". Legendär deshalb, weil es sicher schon der zehnte an selber Stelle am Waldrand stehende Sitz war. Über Generationen hinweg liebten alle Förster und Jäger diesen Platz. Ich hatte mir schon gleich zu Beginn meiner Dienstzeit eine halbwegs bequeme und überdachte Kanzel gebaut. Letzteres einfach deshalb, weil die Niederschläge im Allgäu hoch sind und der Schnee oft schon Ende Oktober liegenbleibt. Da ist ein Dach angenehm.

Der Abend, von dem ich erzählen will, war ein warmer Juniabend. Die Wiese vorm „Fünfer" war frisch gemäht, und das angewelkte Mähgut lag auf der Fläche. Noch im hellen Sonnenschein kam eine dürre Fuchsfähe die Wiese herunter auf mich zu. Sie hatte Mäuse im Fang, legte diese aber immer wieder ab, um erneut ihr Glück zu versuchen. Iris lag beim Rucksack am Fuße der Leiter. Als die Fähe auf vielleicht dreißig Meter heran war, entdeckte sie den Hund und machte Anstalten, die Flucht zu ergreifen. Da aber Iris mehrmals mit ihren kleinen Behängen die Schnaken abwehrte, ansonsten aber keinerlei Aggression zeigte, beruhigte sich die Fähe. Schließlich legte sie neuerlich die Mäuse ab, setzte sich auf die Keulen und fixierte den Hund. Iris hielt es (ohne Mäuse) ebenso. Die Fähe wurde neugierig und näherte sich einige Schritte – immer absprungbereit. Das Spiel wiederholte sich, bis die Fähe kaum noch mehr als zehn Meter vom Hund entfernt war. Da begann Iris leise, aber in tiefstem Ton zu knurren, was die Fähe veranlasste, etliche Meter abzuspringen. Doch ihre Neugier siegte, und das Spiel wiederholte sich.

Nun ritt mich der Teufel, und ich begann Vogelstimmen zu imitieren. Die Fähe aber war voll auf den Hund konzentriert; Vogelstimmen interessierten sie auch dann noch nicht, als ich anfing, Variationen einzufügen. In den Reviergesang des Amslers floss der Ruf des Pirols und in diesen schließlich Passagen aus Volksliedern. Längst äugte Iris, die mein Verhalten wohl nicht verstand, zu mir herauf. Erst als ich, die Vogelstimmen endgültig hinter mir lassend, „Ähnchen von Tarau" pfiff, schien der Füchsin mein Pfeifen nicht mehr so ganz in die friedliche Abendstimmung zu passen. Sie setzte sich wieder auf die Keulen und musterte jetzt von unten nach oben die Kanzel. Den Radetzky-Marsch hielt sie nicht mehr aus. Unter Zurücklassung ihrer Mäusesammlung warf sie sich herum und verschwand ...

Zu Füchsen hatten wir stets ein besonderes Verhältnis. Zwar schoss ich sie im Winter, wenn sie der Hund aus dem Bau sprengte oder in den Mondnächten am Luderplatz. Aber im Frühjahr die kleinen Jungfüchse ermorden, in der Hoffnung, dadurch selbst einen Hasen mehr erlegen zu können, oder, wie es immer noch manche Jäger machen, rund ums Jahr auf jeden Fuchs schießen, den sie sehen, und ihn dann in die Kadavertonne oder den nächsten Busch werfen, das war und ist nicht meine Sache. Ich verstand mich immer als Jäger, der nutzt, was die Natur ihm bietet. Nicht als „Regulator" von eigenen Gnaden und schon gar nicht als „Wildbewirtschafter". Im engeren Kreis um unser Forsthaus herum galt zwischen den Füchsen und uns Burgfriede. Allmorgendlich drehte Iris erst einmal eine Runde ums Haus und demonstrierte lauthals: „Hier hat außer mir keiner etwas zu suchen!"

Gleichwohl kamen die Füchse Nacht für Nacht ans Haus und entsorgten, was wir ihnen anboten. Das war nicht wenig. Schließlich hatten wir alljährlich zwischen siebzig und achtzig Rehe zu zerwirken, da wir das anfallende Wildbret nahezu ausschließlich an private Haushalte verkauften – küchenfertig! Heute kann die Mehrzahl der Hausfrauen Fleisch nur noch verwenden, wenn sie es pfannengerecht vor sich haben. Die Zeiten, da eine Hausfrau noch problemlos einen Knochen auslösen oder eine komplette Keule zerlegen konnte, sind längst vorbei. Wenn man aber ein Reh so zerlegt, dass die Hausfrau nur noch die fertigen Steaks oder Bratenstücke aus der Folie nehmen muss, um sie zu würzen und in die Pfanne zu geben, fällt einiges an Abfall an. Da sind die Knochen, auf die unsere Mütter noch scharf waren, weil sie daraus den Soßenfond kochten, aber auch die feinen Häute, welche die einzelnen Muskelpakete umspannen, die Sehnen, die Hämatome und schließlich all jene Teile, die durch den Schuss in Mitleidenschaft gezogen wurden. Diese Abfälle kippten wir zehn Jahre hindurch einfach neben unseren vorm Haus befindlichen Brunnen. In der Nacht kamen die Füchse und holten sich die Gaben restlos. Nie blieb irgendetwas liegen.

Als wir noch zwei Hunde hatten, schliefen diese nachts in ihren Zwingern. Die Hütten waren recht komfortabel. Tagsüber waren die Hunde entweder mit mir im Revier oder im Haus, wo sie auch gefüttert wurden. Niemand konnte sich unbemerkt unserem mitten im Wald liegenden Forsthaus nähern. Vor den beiden Zwingern hatte sich meine Frau ein kleines Rosenbeet gewünscht. Wenn man zwei Hunde hat, entsteht immer ein gewisser Futterneid. Jeder ist bestrebt, größere Brocken, die sich nicht so schnell fressen lassen, erst einmal in Sicherheit zu bringen. Dazu gehören beispielsweise Knochen. Auch Iris und Dino setzten auf Sicherheit und trugen derartige Beutestücke schnell in ihre Zwinger, wo sie diese dicht am Zaun vergruben. Auf diese Weise lassen sich Knochen nicht nur aufbewahren, sie werden auch etwas mürber und damit leichter verwertbar.

Doch zurück zu den vor den Zwingern gepflanzten Rosen meiner Frau. Immer wieder wurde in der Nacht die eine oder andere Rose ausgegraben. Manchmal fand sich morgens auch einfach ein knöcheltiefes Loch zwischen den einzelnen Rosen. Unsere Hunde kamen als Verursacher nicht in Frage, denn sie befanden sich nachts ja in den Zwingern. Wir dachten an die Dachse, die sich fast allnächtlich unweit unseres Hauses trafen und oft einen wüsten Lärm veranstalteten. An unserem Forsthaus vorbei floss nämlich der Gießbach, und der über seine Brücke führende Weg bildete die Grenze zwischen den Streifgebieten zweier kopfstarker Dachs-Clans. Die Brücke war gleichzeitig die einzige Stelle, an der die Dachse (und wir) trockenen Fußes in die sonnseitigen Wiesenhänge des Tales gelangen konnten. Daher waren Brücke und Grenzweg regelmäßig Schauplatz erbitterter Streitereien zwischen den Angehörigen der beiden Clans. Warum sollte es unter mehr als einem Dutzend Streithähnen nicht auch den einen oder anderen friedliebenden Dachs geben, der Gefallen an unseren Rosen fand? Sicher bot das Rosenbeet mit seiner guten und stets gelockerten und begossenen Erde auch Anreiz für Regenwürmer und anderes Bodengetier. Mit der Zeit entstanden die Löcher nur noch direkt am Draht des Zwingers. Doch darüber dachten wir gar nicht so sehr nach.

Eines Abends, ich war schon zu Bett gegangen, kam meine Frau, ohne das Licht anzuknipsen, ins Schlafzimmer und weckte mich. Draußen knurrte in den tiefsten Tönen unser Dino; dazu hörten wir den Draht klirren. Wir konnten uns keinen Reim darauf machen. Warum schlugen die Hunde nicht einfach an? Wer machte sich am Zwinger zu schaffen? Die beiden Zwingertüren waren ja nicht abgeschlossen. Wenn jemand unsere Hunde entführen wollte, konnte er die Türen problemlos öffnen. Andererseits schlugen unsere Hunde zuverlässig an, wenn sich ein Fremder dem Haus näherte. Zu erkennen war in der Finsternis nichts. Also schlich ich, ohne Licht zu machen, hinunter ins Büro und holte Taschenlampe und Revolver, während Heidi am weit offenen Fenster „Wache" hielt. Wer konnte wissen, was da draußen vorging!

Also noch einmal tief durchatmen, und dann die Taschenlampe angeknipst: Mitten zwischen den Rosen stand der Fuchs und buddelte wie wild die Erde vom Zwingerzaun, der dabei immer wieder leise klirrte. Dino aber streckte den Kopf aus seiner Hütte und knurrte abgrundtief. Von Iris war nichts zu sehen. Der Fuchs ließ sich auch vom Strahl der Lampe nicht beirren. Erst als ich ihn fragte, wer denn das Loch wieder zumachen solle, machte er sich aus dem Staub. Erst am nächsten Morgen, bei einer ausgiebigen Inspektion des Tatortes, wurde uns der Zusammenhang klar. Wir hatten die Dachse zu Unrecht verdächtigt, Löcher im Rosenbeet gegraben zu haben. Es war der Fuchs, oder vielleicht auch die Füchse. Anlass für ihre Tiefbauarbeiten waren die Knochen, die unsere Hunde in ihren Zwingern vergruben – direkt am Zaun!

Die Frage, die sich jetzt der Leser stellt, ist die, warum zwei Jagdhunde im Prinzip tatenlos zulassen, dass ein Fuchs fast Nacht für Nacht zu ihren Zwingern kommt und Löcher buddelt. Unsere Gegenfrage: Was hätten die Hunde tun sollen? Sich wie die Irren benehmen? Radau machen, am Zaun hochspringen – unsere Nachtruhe stören? Gewiss, Typen vom Schlage meines „Elchs" hätten sich nie mit einem so dreisten Fuchs abgefunden. Aber Elch und seine Ahnen hatten in ihren Ahnentafeln und Prüfungszeugnissen auch die Noten „4h" und doppelte „Würgerstriche". Unsere Hunde ersetzten Würgerstriche mit „Verstandpunkten". Darüber waren wir froh und sogar ein klein wenig stolz.

Ganz sicher waren auch Dino und Iris bei den ersten nächtlichen Besuchen des Fuchses wütend an den Zaun gefahren. Sicher haben sie den Fuchs bei seinen ersten Besuchen damit beeindruckt. Uns war es nicht aufgefallen. Vielleicht fanden die ersten Besuche in der kalten Jahreszeit statt, als unsere Fenster dicht geschlossen waren. Und so selten war es ja auch nicht, dass nachts die Hunde anschlugen. Schnell werden Dino und Iris jedoch erkannt haben, dass man sich am stabilen Gitter allenfalls die Zähne abnutzen, es aber nicht durchbeißen kann. Gleiches wird – ruckzuck – auch der Fuchs erkannt haben. Schließlich mag man sich arrangiert haben. Die Hunde brachten alles Fressbare in ihre Zwinger und vergruben es am Zaun. Vielleicht machte es Dino auch Vergnügen, aus seiner Hütte heraus zuzuschauen, wie sich Reineke vergeblich nach einem wohlduftenden Knochen abschindet!

Unsere nächtliche Störung hatte den Fuchs nicht sonderlich beeindruckt. Die Graberei ging weiter. Wir hätten das Rosenbeet betonieren oder asphaltieren können. Die Öko-Alternative wäre gewesen, die Rosen zu entfernen und Brennnessel zu säen. Nichts von alledem taten wir. Schließlich stellt das Wohnen mitten im Wald, zusammen mit Füchsen, die kostenlos Rosenbeete durchlüften, auch ein Stück Lebensqualität dar!

Missverständnisse ...

Von einem Jagdterrier kann man schwerlich erwarten, dass er mit Hausgeflügel große Freundschaften pflegt. Allenfalls erreicht man eine gewisse Toleranz oder Burgfrieden, jedenfalls solange das Geflügel beim Erscheinen des Hundes nicht übernervös reagiert und flatternd umherspringt. Schwierig wird die Sache bei Begegnungen mit Schwänen oder Gänsen. Schwäne haben vor Hunden denkbar wenig Respekt, und Gänse sind die perfekten „Wachhunde", die sich von der vierbeinigen Konkurrenz wenig sagen lassen. Eigene Gänse hatten wir zu Iris' Zeiten schon keine mehr, nur noch Hühner und Enten. Beides sind denkbar friedliche Zeitgenossen und wurden von Iris voll und ganz toleriert.

Bis Iris unsere frei laufenden Hühner wirklich ignorierte, dauerte es jedoch einige Zeit. Das lag aber in erster Linie an deren hektischen Reaktionen. Es konnte sein, dass Iris arglos durch die Hennenschar lief, und die eine oder andere Henne wich ihr mit Gegacker und Geflatter aus, dann rissen dem Hund die Nerven, und er verfolgte sie. Da der Hund sich beim Fliegen schwertut, endeten solch kleine Verfolgungen fast stets zugunsten der jeweiligen Henne. Nur einmal war Iris schneller, schnappte das Huhn und tat es ab. Meine Frau lief aus der Küche auf den Hof, nahm Iris unter entsprechenden Kommentaren und Ermahnungen das Huhn ab und legte es auf die Holzbeige vorm Haus. Iris wollte das missverstehen und wertete es als Aufforderung zum Spiel. Schwupp holte sie das tote Huhn vom Holz, schüttelte und rupfte es, was zu neuen Ermahnungen und Wiederholung der Lektion führte. In der Folge nahm meine Frau Iris mehrmals täglich an die Leine und lief mit ihr kreuz und quer durch die Hühnerschar. Das half. Nach wenigen Tagen hatte Iris – obwohl immer noch Jagdterrier – begriffen, was sie durfte und was nicht.

Zu unseren Hühnern gehörte aber immer auch ein Hahn. Nein, kein langweiliger weißer oder schlicht brauner Hahn. Wir bevorzugten bunte Hähne, am liebsten prächtige Italiener. Einer dieser manchmal aggressiven Gesellen war, was man in Bayern ein „hinterfotziges Luder" nennt. Will heißen, er zeigte sich verschlagen. Kam der Habicht auf den Hof, war er der erste, der rannte. Uns hingegen folgte er oft, um uns dann aus dem Hinterhalt zu attackieren. Anfangs ging er Iris noch aus dem Weg. Mit deren Wandlung und Beitritt zu Greenpeace drehte er aber nach und nach auf. Er gab den Harmlosen, doch wenn Iris an ihm vorbei war, flatterte er ihr von hinten auf den Rücken und hackte auf sie ein. Für den Hund war das deutlich zu viel, und bei der ersten derartigen Attacke konnte meine Frau den Hahn gerade noch retten.

Was in der Folge von der armen Iris verlangt wurde, war ein Balanceakt zwischen erlaubter Notwehr und Schonung eines geistig Verwirrten. Doch nach Rücksprache mit meiner angeheirateten Hundeflüsterin meisterte sie die Situation mit Bravour. Immer, wenn sie der Hahn von hinten attackierte, schüttelte sie ihn blitzartig ab, sprang ihm auf den Rücken, drückte ihn mit dem Gewicht eines Wohlstandsterriers flach auf den Boden und hielt dabei – ohne zuzubeißen – seinen Kragen in ihrem Fang. Die Reaktion des Hahnes war jene, die wir immer wieder erlebten, wenn der Habicht sich ein Huhn oder einen Hahn griff, nämlich nach ganz kurzem Flattern einfach null!

Natürlich wurde Iris nach jeder dieser Glanzleistungen ausgiebig gelobt, nicht ohne weiterhin besänftigend auf sie einzuwirken. In der Folge gab es keine Verluste mehr. Nur wenn wir unterwegs waren und irgendwo fremde Hühner aufgeregt flatterten, mussten wir auf der Hut sein.

Droben in Bad Bleiberg

Als wir vom Allgäu nach Kärnten übersiedelten, machten wir uns schon im Vorfeld viele Gedanken um Iris. Im Gießwald stand das Forsthaus mitten im Wald, und rundherum war alles uns. In Bad Bleiberg wohnten wir zwar auch im Wald, aber mitten in einem fremden Jagdrevier. Schon beim ersten Besuch dort oben erlebten wir vertraute Rehe, die ans Haus kamen, nicht zuletzt deshalb, weil unsere Vorbesitzerin sie regelmäßig fütterte. Das Bleiberger Grundstück war zwar recht groß, aber nur wenige Quadratmeter waren so eben, dass wir hätten einen Zwinger bauen können. Überdies lebte Iris, seit Dinos Tod, nur noch im Haus. War ich im Büro, war auch sie im Büro, waren wir in der Küche, war auch sie in der Küche. Wir befürchteten, unser ganzes steiles Grundstück zäunen zu müssen. Dagegen stand nicht nur der viele Schnee, der regelmäßig das Hochtal heimsuchte, sondern auch der ungünstige Grenzverlauf. Dann war da auch noch die Garageneinfahrt, die geräumt werden musste; ein Zaun hätte die Räumung sehr erschwert. Ärger mit den Jägern einhandeln wollten wir uns aber auch nicht.

Schon am ersten Tag unseres Dortseins entdeckte ich, kaum hundert Meter oberhalb unseres Hauses, eine große Rehwildfütterung – auch das noch! Doch alle Sorgen erwiesen sich als ziemlich unnötig. Iris kapierte sehr schnell, dass die Rehe ums Haus tabu waren. Nur wenn wir sie in der Früh hinausließen, mussten wir aufpassen. An der Gewohnheit, zuerst einmal den engeren Bereich ums Haus zu „reinigen", hielt sie anfänglich noch fest. Aber auch dieses Verlangen legte sich rasch. Bald ignorierte Iris die Rehe im Hausbereich völlig. Ja, es kam vor, dass meine Frau mit der Nachbarin vorm Haus stand, während die Rehe genussvoll die ihnen angebotenen Kartoffeln verspeisten, und Iris lief zwischen ihnen herum. Rehe und Hund hatten sich perfekt aneinander gewöhnt.

Zu Greenpeace oder zu den Vier Pfoten ist Iris dennoch nicht gewechselt. Wenn wir miteinander auf die Jagd gingen, war sie ganz die Alte. Diese strenge Unterscheidung von Dienst und Schnaps fiel ihr vielleicht auch deshalb etwas leichter, weil ich in Bleiberg nie eine Jagdgelegenheit fand. „Friedbereich" und Jagdbereich waren also immer erheblich räumlich getrennt.

Iris apportierte leidenschaftlich. Wenn ihr fad war, suchte sie einen Tennisball und warf ihn uns so lange vor die Füße, bis wir sie mit ihm beschäftigten. War man draußen im Garten, warf man den Ball einfach den Hang hinunter, und Iris suchte und brachte ihn. Das war, des steilen Hanges wegen, natürlich kräftezehrend, sodass man relativ bald wieder seine Ruhe hatte. Im Haus drinnen oder unterwegs in ebenem Gelände war es zum Verzweifeln, und man musste irgendwann ein Machtwort sprechen. Nie haben wir einen Tennisball gekauft. Iris beschaffte sich die Bälle selbst. In unserem Dorf gab es zwei, anfangs sogar drei Tennisplätze. Kamen wir bei unseren Spaziergängen in der Nähe eines Platzes vorbei, war Iris weg. Nie kam sie ohne einen neuen Ball zurück.

An ein Erlebnis erinnere ich mich besonders. In der Mitte unseres Grundstückes stand eine sehr schöne Baumgruppe aus je einer solitären tiefastigen Fichte, Föhre und Lärche. Unter das schirmende Astwerk der Fichte warf meine Frau immer das Gras, das beim Mähen der kleinen Bergwiese anfiel. Diesen über Jahre hinweg immer wieder erneuerten Grashaufen schätzten unsere Hausrehe besonders im Winter. Das Gras erzeugte Wärme, und so betteten sich die Rehe gerne darauf. Das taten sie aber auch im Sommer gelegentlich. Jedenfalls warf ich wieder einmal den von Iris gebrachten Tennisball den Hang hinunter, ohne darauf zu achten, dass unter der Fichte eine Rehgeiß saß. Prompt rollte der Ball genau zu ihr. Doch weder fuhr die Geiß in die Höhe, noch ließ sie sich durch die den Hang herunterschießende Iris beeindrucken. Sie blieb einfach wiederkäuend sitzen. Iris aber schnappte sich den kaum mehr als einen Meter vor der Rehgeiß liegenden Ball und keuchte mit ihm zurück.

Ganz hatte Iris ihre Jagdpassion in Bleiberg nicht ruhend gestellt. Sie verlegte ihre Tätigkeit aber auf eine Wildart und auf Lokalitäten, mit denen die ortsansässigen Jäger leben konnten – auf Wühlmäuse. Auf dem Weg, der von unserem Haus hinab ins Dorf führte, lag eine kleine Wiese, die bald aussah, als hätten die Sauen in ihr gebrochen. Auch unten im Dorf gab es wühlmausreiche Wiesen, die zu Iris' Jagdgründen gehörten. Fast jeden Nachmittag marschierten Heidi und ich hinunter, um einzukaufen. Mit vollen Rucksäcken stapften wir dann wieder heimwärts. Selbstverständlich machten wir keinen Schritt ohne Hund. Iris revidierte dabei die Wiesen und fing regelmäßig die in ihren Bauen steckenden Wühlmäuse. Anders als ihre Nachfolgerin „Hexi" fraß sie die Mäuse jedoch nicht, was wegen der möglichen Bandwurminfektion gefährlich gewesen wäre. Sie trug ihre Beute nur stolz durchs Dorf.

Erinnern über die Nase

Wir Menschen speichern Erinnerungen vorzugsweise über unsere Augen. Wir sehen ein Gebäude, einen anderen Menschen oder ein Tier und erkennen diese Dinge mit unseren Augen wieder. Töne können weder wir noch irgendein Tier „sehen". Nur wer hören kann, hat zu Tönen Zugang. Wir erkennen die Stimmen bestimmter Menschen, den Klang technischer Geräte oder Musik. Mit unserer Nase erkennen wir nur sehr wenig. Gut, manchmal rieche ich im Büro, was meine Frau oben in der Küche zubereitet. Auch einen guten Wein kann man – aus kürzester Distanz – riechen und erkennen. Doch dann stoßen wir auch schon bald an unsere Grenzen.

Unseren Hunden helfen die Augen ebenfalls, sich an irgendetwas zu erinnern, aber die meisten Erinnerungen speichern und verwerten sie mit Hilfe ihrer Nase. Sie erkennen sich gegenseitig am Geruch, ja sie erkennen Stimmungen und Situationen von Artgenossen an deren Geruch, etwa die Paarungsbereitschaft einer Hündin. Aber das sind sozusagen Kleinigkeiten. Hunde speichern nämlich geruchlich ganze Landschaftsbilder und können solche Bilder über viele Jahre speichern und jederzeit abrufen.

Unsere Iris hatte den Gießwald, in dem sie aufwuchs und lange Zeit lebte, brillant gespeichert. Nach unserer Übersiedlung nach Kärnten kamen wir nur noch selten ins Allgäu. Während der Fahrt mit dem Auto schlief Iris meist. Sie sah die Landschaft, durch die wir fuhren, nicht, und oft trafen wir „draußen" auch erst bei Nacht ein. Aber sie roch die Landschaft, wachte aus festem Schlaf auf, wenn sie den Gießwald oder den Ettensberg in der Nase hatte, und wenn wir wieder heim nach Kärnten fuhren, war es genauso.

Während der Jahre, in denen wir in unserem alten Forsthaus im Gießwald wohnten, durfte Iris fast täglich den etwa einen Kilometer langen Forstweg, der die kleine, aus nur wenigen Häusern bestehende Ortschaft mit dem Forsthaus verband, springen. Das machte ihr immer viel Freude, und so hatte sie sich den Geruch jener Örtlichkeit eingeprägt. Noch Jahre später riss es sie förmlich, wenn wir ein- oder vielleicht zweimal im Jahr durch den kleinen Ort fuhren. Dann stand sie fordernd und heftig mit ihrem kupierten Stummelschwanz wedelnd auf dem Rücksitz des Autos und wollte raus.

Auch daheim in Bad Bleiberg durfte sie, wie ihre Nachfolgerin Hexi auch, meist vom Dorf unten bis zu unserem Haus am Berg oben vorm Auto springen. Beide Hunde hatten förmlich den Ehrgeiz, als erste oben zu sein. Wenn wir wieder einmal nach etlichen im Allgäu verbrachten Tagen heimfuhren, verschlief Iris die sechsstündige Fahrt meist auf dem Rücksitz. Doch kaum hatten wir bei Villach die Autobahn verlassen und fuhren durch den Wald in unser Hochtal hinauf, dann erwachte sie, zog tief und prüfend die Luft durch die Nase. Dann wartete sie die fünfzehn Kilometer in gespannter Haltung, bis wir das Dorf erreicht hatten. Hunde verfügen weder über ein GPS, noch lesen sie den Kilometerzähler des Autos ab, und bei Nacht erkennen sie auch die draußen vorbeihuschende Landschaft nicht. Trotzdem erkannte Iris auf den Punkt genau den Ortseingang. Wenn wir den passiert hatten, stand sie bereit und wollte hinaus.

Die Nase vermittelt unseren Hunden und wohl auch vielen Wildtieren unglaublich genaue Bilder. Was wir mit den Augen erfassen, erfassen Hunde in erster Linie mit der Nase. Ihre Riechleistung ist etwa eine Million mal besser als die unsere. Die Anatomie unserer Köpfe lässt für große Nasen keinen Raum. Bei manchen Hunderassen hat man hingegen den Eindruck, der restliche Kopf sei an die Nase angehängt, nicht umgekehrt. Andere Tiere, die ähnlich flache Gesichter haben wie wir, etwa die Katzen, können sich bei der Nahrungsbeschaffung ebenso wenig auf ihren Geruchssinn verlassen wie wir. Sie verlassen sich auf ihre Ohren und Augen. Daher jagt der Luchs mit seinem kurzen Gesicht völlig anders als der Wolf mit seiner langen Schnauze, die Platz für Millionen Riechzellen bietet.

Dass Hunde Landschaften und natürlich auch kleinere Einheiten wie Ortschaften oder Häuser via Nase erkennen, war uns natürlich bekannt. Schon in den 1960er-Jahren empfahl in einer Jagdzeitschrift ein Hundeführer, man solle zu Hundeprüfungen unbedingt bereits am Vortag anreisen und seinen Hund mit dem Geruch der Landschaft vertraut zu machen. Das würde ihm dann die Arbeit erleichtern. Wir haben uns daran immer gehalten, reisten stets frühzeitig an und unternahmen mit dem Hund schon am Vortag eine kleine Wanderung, bei der er ausgiebig von seiner Nase Gebrauch machen konnte. Das war für uns nicht nur angenehm, es hat sich auch bewährt.

„Grobe" Gerüche kann selbst der Mensch mit seiner absolut unterentwickelten Nase erkennen und unterscheiden. Der Wald aus Bergföhren und Fichten mit seiner ganz speziellen Begleitflora um unser Bleiberger Haus herum roch völlig anders als der Föhrenwald in der Rheinebene oder in Brandenburg. Die Buchenwälder in Thüringen riechen anders als die Buchen-Tannen-Wälder drüben in Slowenien. Dennoch können unsere Nasen nur einen winzigen Bruchteil von dem aufnehmen und registrieren, was die Nasen unserer Hunde vermögen.

Abschied von Iris

Iris wurde dreizehn Jahre alt und starb schließlich an Milchleistenkrebs. Dreizehn Jahre sind ein Alter, das bei weitem nicht jeder Jagdterrier erreicht. Dabei blieb Iris bis kurz vor ihrem Tod agil, auch wenn wir sie schonten. Was sich in den letzten beiden Lebensjahren schleichend veränderte, war ihr Verhalten. Vieles begann sie zu stören. So konnten wir mit ihr in ihrem letzten Lebensjahr kaum noch ein Gasthaus besuchen. Sie stieß sich an den fremden Menschen und machte ihrem Unmut Luft.

Wenige Monate vor ihrem Tod wanderten wir im benachbarten Slowenien noch einmal gemeinsam zum Srnjak hinauf, was zu Deutsch „Rehbock" heißt und eine im Bergwald oberhalb Kranjska Gora gelegene Gostilna (Gasthaus) bezeichnet. Unser Auto stand im Tal unten, und so mussten wir Iris – es lag Schnee und war kalt – mit in die Gostilna nehmen. Sie saß brav neben uns, aber sobald die Bedienung, der Wirt oder ein anderer Gast auch nur einen Schritt machte, brauste sie laut auf. Außer uns waren noch ein paar Einheimische anwesend, und ich merkte schnell, dass ihnen Iris' Verhalten auf die Nerven ging. Zu beruhigen war sie nicht, also ging ich mit ihr hinaus und legte sie draußen ab. Dies wiederum mochten die anwesenden Slowenen, wie sie uns zu verstehen gaben, auch nicht. Also musste ich sie wieder herein ins Warme holen.

Daheim in Bad Bleiberg verzichteten wir bei unseren abendlichen Spaziergängen ins Dorf immer häufiger auf unser Achtel Zweigelt, weil wir mit Iris kein Aufsehen erregen wollten.

Der Tierarzt riet uns damals, Iris nicht mehr operieren zu lassen. Sie war bereits dreizehn Jahre alt, und eine Operation hätte ihr Leben eher unwesentlich verlängert. Das mag etwas zynisch klingen, denn die wenigsten Menschen werden in vergleichbaren Situationen auf eine zweijährige Lebensverlängerung so ohne weiteres verzichten wollen. Was aber hätte unsere Iris nach einer Operation erwartet? Hätten wir ihr sagen können: Erfreue dich deiner qualvollen Schmerzen und sei uns dankbar, dass du zwei Jahre länger leiden darfst?

Viele Jagdhunde sterben an Krebs. Besonders anfällig sollen Hündinnen sein, die nie Welpen zur Welt gebracht haben. Ovulationshemmer – Medikamente, die verhindern, dass Hündinnen läufig werden – sollen sie krebsanfällig machen. Gleiches gelte für die Sterilisation, wird gelegentlich behauptet. Dafür fanden wir im Bekanntenkreis keine Bestätigung. Auch Zuchthündinnen erkrankten an Krebs.

Lange beeinträchtigte der Leistenkrebs Iris nicht erkennbar. Sie war munter, war ihrem Alter entsprechend noch hochagil und durchaus leistungsfähig. Am Schluss ging alles recht schnell. Der Krebs fing an zu wachsen und brach schließlich auf. Es kam der Tag des Abschieds. Als es für sie sichtbar qualvoll wurde, setzten wir den Schlusspunkt. Für uns waren das immer furchtbare Entscheidungen, die belasteten.

Ich habe es nie fertiggebracht, wenn es wieder einmal soweit war, zum Tierarzt zu fahren. Keiner unserer Hunde ging gerne zum Tierarzt, alle zeigten eine mehr oder weniger große Abneigung gegen die Praxis. Schon für uns Menschen riecht es dort höchst unangenehm. Aber was wir unter „Hier stinkt's chemisch!" abhaken, mag für Hunde eine Horrormeldung, ja eine dringliche Warnung darstellen. Sie riechen wahrscheinlich weit mehr als nur „Chemie". Da mögen sich olfaktorische Signale mischen, die Krankheit, Angst, Aggressivität und wer weiß sonst was signalisieren.

Die alljährlichen Impfungen selbst haben alle unsere Hunde ziemlich stoisch über sich ergehen lassen; sie empfanden den kleinen Pikser nicht als Schmerz. Aber alle zeichneten schon deutlich vor der Praxistür. In der Regel müssen Hund und Mensch auch noch im Wartezimmer Geduld üben. Und in diesem fremden Raum warten noch andere Patienten, die einen ängstlich, andere „aufgeladen", die wenigsten gleichgültig.

Viele, die mit ihrem Hund den letzten Gang zum Tierarzt antreten, müssen nach vollbrachter „Tat" alleine heimkehren. Sie haben keine Möglichkeit, ihren toten Liebling im Garten oder im Revier draußen zu begraben. Doch der Gedanken, dass jenes Wesen, das mir ans Herz gewachsen war, das ein Stück mit mir den Weg teilte, nun zu Industriefett oder Schmierseife wird, muss brutal sein. In unserem so furchtbar und oft unmenschlich reglementierten Mitteleuropa muss auch der tote Hund eines Jägers in die Tierkörperbeseitigung – oder auf einen Tierfriedhof. Daran habe ich mich nie gehalten und würde es auch in Zukunft nicht tun. Alle unsere Weggefährten fanden im Garten oder im Revier ihren letzten Platz. Und alle unsere Hunde – Hexi ausgenommen – habe ich in vertrauter Umgebung und ohne Stress für sie erlöst. Auch das war gesetzeswidrig!

Die meisten Hundehalter haben diese Möglichkeit nicht. Aber wenn es schon sein muss, dann lässt man den Tierarzt ins Haus kommen. Doch auch das ist manchmal leichter gesagt als getan, vor allem, wenn Kinder daheim sind.

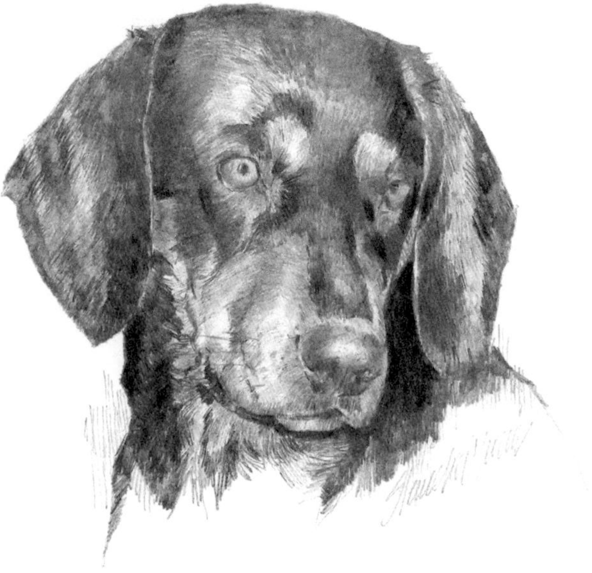

„Hexi"

Hintereingang des Herzens

Nach dem Verlust von Assi, der zweiten Wachtelhündin mit den Hautproblemen, waren wir uns einig, keinen Hund mehr anzuschaffen. Wozu auch? Für die wenigen, gelegentlich anfallenden Nachsuchen konnte ich auf Freunde mit ihren Hunden zurückgreifen. Noch waren wir viel unterwegs und hatten niemanden, dem wir einen jungen Hund für ein, zwei Wochen anvertrauen mochten. Bei Reisen in den Süden – Italien, Slowenien oder Kroatien – hat man zudem häufig das Problem, dass Hunde in Restaurants und Hotels unerwünscht sind. Der Ärger beginnt schon, wenn man im Restaurant essen will und keinen schattigen Parkplatz findet oder wenn man eine Ausstellung oder ein Museum besuchen will. Nun waren nicht alle unserer Hunde begeisterte Autofahrer, aber alle ruhten gerne im Auto. In der warmen Jahreszeit war es daher kein Problem, sie über Nacht im Auto zu lassen – aber: Im Sommer ist es meist hell, lange bevor man aufsteht. Man muss also am Abend schon darauf achten, einen Parkplatz zu erhaschen, der zwischen Sonnenaufgang und Frühstück im Schatten liegt. Ansonsten findet man seinen Hund gegrillt vor.

Es war aber noch etwas, das schwerer wog als die genannten sachlichen Vorbehalte: Wir sahen die Hunde nie als Gebrauchsgegenstände und nie als „Dekoware" an, die gut zum Jäger passt. Unsere Hunde waren Familienmitglieder, auch wenn wir sie nie vermenschlichten. Und so war es auch immer schmerzlich, wenn wir wieder einmal von einem unserer „Angehörigen" Abschied nehmen mussten. Ein Hundeleben währt, wenn's gut geht, dreizehn oder auch fünfzehn Jahre; die Hälfte unserer Gefährten starb wesentlich früher. Assi, unsere kleine Wachtelhündin, auf die wir so viel Hoffnung gesetzt und in die wir, nebenbei, auch viel investiert hatten, starb mit elf Monaten – einen Tag vor Weihnachten. Vierzig Jahre hatte ich Tag für Tag Hunde an meiner Seite, nun sollte und durfte es genug sein!

Wir hatten damals – nicht zuletzt der dortigen Jagd wegen – noch ein Ferienhaus samt Büro im Allgäu. Irgendwann im März waren wir wieder „draußen". Wie so oft in dieser niederschlagsreichen Gegend drohte uns der Schnee zu begraben. Also verkroch ich mich im Büro. Da kam eines Nachmittags meine Frau herein und erkundigte sich nach einer Postleitzahl – 5453 oder so. Ich war in meine Arbeit vertieft, dachte nicht weiter nach und beschied knapp: „Irgendwo im Salzburgischen." – Heidi dankte für die Auskunft und entschwand wieder. Zwanzig Minuten später kam sie neuerlich ins Büro:

„Telefonvorwahl 64, ist das Steiermark oder Tirol?"

Ich: „Nein, auch irgendwo im Salzburgischen."

Sie: „Ach so, danke."

Noch immer war ich arglos und frohen Mutes.

Zehn weitere Minuten waren vergangen, als Heidi, mir eine Tasse Cappuccino spendierend, ins Büro kam und die Bombe platzen ließ:

„Die haben noch alle sechs Welpen!"

„Wer, was, wo?"

„Ja der Bauer."

„Welcher Bauer?"

„Ja der mit den Brackenwelpen."

„Was für Brackenwelpen?"

„Ja die im Anblick!"

Nun hatte sie es ausgespuckt. Sie hatte in der Jagdzeitschrift „Anblick" zwei Kleininserate gelesen, in denen Brackenmischlinge angeboten wurden. Der eine Wurf entstammte der Liaison eines Gebirgsschweißhundes mit einer Brandlbracke und lag irgendwo im nördlichen Deutschland. Der zweite Wurf hatte seine Heimat im salzburgischen Werfenweng; Vater war ein Brandlrüde, die Mutter eine rote Dachsbracke. Der deutsche Wurf war bereits vergeben, der salzburgische noch zu haben. Mir hatte es die Sprache verschlagen, und das aus zweierlei Gründen. Beide hatten wir uns seit Assis Tod hundertmal unaufgefordert gegenseitig versichert, nun wirklich keinen Hund mehr zu wollen. Und beide hatten wir uns offensichtlich belauert, immer so ein ganz klein wenig darauf hoffend, dass der jeweils andere vielleicht doch die Möglichkeit der neuerlichen Anschaffung eines Jagdgefährten thematisieren werde. Heidi hatte eindeutig verloren; sie hatte sich geoutet, als ich noch tapfer den Standhaften spielte. Dafür bin ich ihr unendlich dankbar, sie war auch die wirkliche Siegerin, weil sie über ihren – nein über unser beider – Schatten sprang!

Natürlich war unser Versteckspiel noch nicht ganz zu Ende. Noch einmal versicherten wir uns, keinen Hund mehr anzuschaffen, weil es im Prinzip ein Blödsinn sei. Aber – ansehen konnten wir uns die Welpen ja. Werfenweng liegt direkt neben der Tauernautobahn. Umweg war es bei unserer Heimfahrt nach Kärnten keiner.

Zwei Tage später rollten wir, des Schnees auf der Alpennordseite überdrüssig, heimwärts. In Werfen verließen wir die Autobahn und suchten den Züchter auf. Die Welpen lagen in einem Holzverschlag im Stall und machten einen robusten Eindruck. Es waren drei Rüden und drei Hündinnen, drei waren hirschrot, drei schwarz mit roten Abzeichen. Wir beschäftigten uns mit ihnen, versuchten Eigenschaften herauszufinden. Heidi präferierte einen hirschroten, recht dominant wirkenden Rüden; ich hingegen hatte mich so ein ganz klein wenig in eine gebrandelte Hündin verliebt. Nach einer halben Stunde intensiver Beschäftigung und Beobachtung bestätigten wir uns noch einmal, eigentlich gar keinen Hund mehr zu wollen. Dem Züchter beschieden wir, uns die Sache zu überlegen. Die restliche Heimfahrt verlief ziemlich schweigsam und unter Ausklammerung des Tagesthemas. Erst nach dem Katschbergtunnel und schon auf Kärntner Seite zerbröselte unser „Schutzschweigen". Wer von uns beiden es war, weiß ich nicht mehr sicher; als Beherrscher des Terminkalenders dürfte ich es gewesen sein, der den folgenschweren Satz sprach: „Eigentlich geht's nur am nächsten Samstag..."

Frohgemut und irgendwie erleichtert fuhren wir die restliche Strecke bis Bad Bleiberg. Eine Woche später waren wir neuerlich in Werfenweng und holten „Hexi" ab. Sie entwickelte sich zu unserem unkompliziertesten Hund. Nein, sie war jagdlich überhaupt kein Spitzenhund, aber sie erledigte zuverlässig, was wir von ihr verlangten. Das genügte uns. Als sie ein Jahr alt war, bedurfte es keiner Leine mehr. Sie hatte gelernt, Autos richtig einzuschätzen, ließ sich problemlos von jeder Katze abpfeifen und entwickelte sich zum Liebling vieler Menschen in unserem Dorf. Sie hatte bald die Rollen ausgetauscht. Wenn wir mit ihr ins Dorf gingen oder irgendwo wanderten, gehörte scheinbar nicht mehr sie zu uns, sondern wir zu ihr. Hexi kannten viele Menschen, uns bedeutend weniger!

Auf ein Wort

Hunde, mit denen man den ganzen Tag zusammen ist, lernen ungleich besser und schneller „Deutsch" als Zwingerhunde. Auch wenn es Unterschiede gibt, so sammeln sie doch einen beachtlichen Wortschatz. Was unsere eigenen Hunde betrifft, so hatte Hexi sicher den größten Wortschatz. Sie kannte selbstverständlich unsere Namen und reagierte entsprechend, wenn sie einen dieser hörte. Natürlich beherrschte sie die notwendigen „Fachbegriffe" wie „Wald" oder „Reh" und alle anderen Begriffe, die für ein freudvolles Miteinander notwendig waren.

Hunde registrieren jedoch den Tonfall eines Wortes weit stärker als die bloße Zusammensetzung bestimmter Buchstaben. Im täglichen Umgang war es völlig egal, ob ich sie in Deutsch, Englisch oder Slowenisch um etwas „bat". Ob nun „komm", „come on" oder „pridi", das machte wirklich keinen Unterschied. Der Hund muss also das Wort nicht wirklich verstehen; schon der Tonfall verrät ihm die Bedeutung.

Es gibt aber auch Worte, die betonungsneutral sind, etwa Personennamen. Gelegentlich fuhr meine Frau einige Tage alleine in ihre Heimat. Dann telefonierten wir selbstverständlich am Morgen und am Abend miteinander. Nun klingelt bei mir im Büro manchmal den ganzen Tag das Telefon, was Hexi immer völlig kalt ließ. Anders, wenn ich alleine zu Hause war. Dann warf sie beim Läuten des Telefons auf. Wenn ich ihr dann noch den Namen meiner Frau nannte, stand sie meist freudig erregt neben mir. Ich kann mir nicht vorstellen, dass Hexi die Technik begriffen oder durchschaut hat, aber sie brachte solche Situationen zweifellos mit meiner Frau in Verbindung. Mehrfach habe ich ihr den Hörer ans Ohr gehalten, doch erkannt hat sie die Stimme meiner Frau nie. Eher zeigte sie sich etwas verwirrt. Das wundert nicht, denn auch wir haben ja oft Probleme, die Stimme eines sonst vertrauten Menschen am Telefon zu erkennen.

Ein Wort, das sie gerne hörte war „gehen", egal in welcher Kombination. Wenn ich sie daheim fragte: „Gehen wir in den Wald", dann stand sie spontan bereit. Oft kehrten wir bei unseren Abendspaziergängen noch irgendwo auf ein Achterl Roten ein. Dann lag sie geduldig unter der Bank oder saß neben uns. Fiel nun das Wort „gehen" in Verbindung mit WC oder Auto, interessierte sie das nicht. Doch ein noch so leise genuscheltes „Gehen wir?" quittierte sie sofort mit Aufstehen und freudiger Erregung.

Andererseits kannte sie auch die Bedeutung des Wortes „nein" ganz genau. Nun ist der Tonfall bei diesem Wort vorgegeben. Ein Nein kann man schwerlich jubeln. Bekam sie auf eine Bitte ein Nein zu hören, zog sie sich beleidigt und manchmal mit einem leisen Seufzer auf einen ihrer Plätze zurück. Bei allem war unsere Hexi eben ziemlich sensibel. So, wie sie sich unbändig freuen konnte, vermochte sie auch beleidigt zu reagieren.

Hexi kannte auch die Namen jener Menschen, mit denen wir regelmäßig Kontakt hatten. In Bad Bleiberg oben war das unsere Nachbarin Monika. Diese war eine Frühaufsteherin und jeden Morgen längst auf den Beinen, wenn wir die Haustür öffneten und Hexi hinausließen. Deren erster Weg war stets zur Monika, die sie freudig und laut begrüßte. Diese Begrüßung wurde auch regelmäßig mit einem „Stangerle" belohnt. Dieses fraß Hexi jedoch nicht an Ort und Stelle; sie trug es erst zu uns herauf. Jedenfalls ordnete sie das Wort „Monika" immer richtig zu. Sprach man es aus und öffnete die Haustür, lief Hexi spontan zum Nachbarhaus hinunter.

Hexi war einigermaßen verfressen. Wo immer wir mit ihr waren, fand sie zuerst einmal den Kühlschrank. Nun gibt es Menschen, die grundsätzlich keine Hunde mögen; weder interessierte sie sich für diese, noch für deren Kühlschränke. Solche Menschen gehören jedoch eher einer kleinen Minderheit an. Die meisten hatten – was uns keineswegs recht war – schnell irgendeine Leckerei für Hexi parat. Kamen wir in ein solches Haus, lief Hexi nach ausgiebiger Begrüßung zielstrebig in die Küche und setzte sich wortlos vor den Kühlschrank. Wir konnten ihr das nie abgewöhnen, weil alle Bitten, dem Hund nichts zu geben, unerhört blieben.

Natürlich wurde dieses Verhalten von fremden Personen oft mit der Frage quittiert: „Mag die Hexi etwas?". Diese ersten drei Buchstaben lösten auch daheim sofortige „Fressbereitschaft" aus.

Wenn's sein muss Gebärdensprache

Taubstumme Menschen sind fast immer hervorragende Beobachter, und sie teilen sich durch Gesten und Mimik mit. Sie kompensieren einfach die ihnen fehlende Sprache und das fehlende Gehör durch Körpersprache. Auch Hunde tun das. Je enger die Beziehung zwischen Hund und Mensch, umso besser funktioniert diese Sprache.

Wie schon angedeutet, drehen wir mit Hexi allabendlich und ziemlich unabhängig vom Wetter vor dem Schlafengehen noch eine kleinere oder größere „Dorfrunde". Meist war meine Frau der drängende Teil, und nicht immer war ich gleich bereit, mitzugehen. Konnte sein, ich wollte noch eine Reportage zu Ende sehen oder die Nachrichten noch abwarten, oder ich hatte noch im Büro zu tun. War jedoch einmal zwischen uns die Frage angeschnitten, gab Hexi keine Ruhe mehr. Dann stand sie auf und wollte gehen. Doch sie ging, wenn wir ihr die Haustüre öffneten, nicht alleine hinaus. Nein, sie wartete, bis wir uns angezogen hatten und mit ihr gingen. Beschlossen wir aber, erst nach der laufenden Fernsehsendung zu gehen oder erst nach dem letzten Schluck Rotwein, dann kam sie immer wieder zu mir und stieß mich mit der Schnauze in die Kniekehlen. Das hieß: „Auf jetzt!"

Konnte sein, meine Frau arbeitete noch in der Küche oder in ihrem Arbeitszimmer, dann stieß Hexi meist zuerst sie in die Kniekehlen. Sie hatte kapiert, dass wir eher zu einem Spaziergang bereit waren, wenn wir mehr oder weniger untätig in der Stube saßen. Also war es für sie wohl sinnvoll, erst den arbeitenden Teil umzustimmen. Erst wenn meine Frau dann sagte: „Geh zum Bruno, sag's dem", versuchte sie, mich in Gang zu bringen.

Das Stupsen in die Kniekehlen war für Hexi eine ganz wichtige Ausdrucksweise. Spaziergänge oder Wanderungen konnten nie weit genug führen, und nur ungern ging sie mit uns auf dem Weg zurück, den wir gerade gegangen waren. Sobald wir umdrehten, um heimwärts zu gehen, stupste sie uns in die Kniekehlen und schlug die von ihr bevorzugte Richtung ein. Letzteres tat sie demonstrativ auch dann, wenn einer von uns einen Satz sagte, in dem die beiden Worte „heim" und „gehen" vorkamen. Mit solchen Sätzen konnte man Hexi nur locken, wenn wir auf unseren Wanderungen irgendwo Rast machten, einen Kaffee oder ein Achterl tranken. Das Warten war ihr stets zu langweilig. Sie ertrug es zwar artig und ohne lästig zu werden, wartete aber von der ersten Minute an auf unseren Aufbruch.

Hexi war ein überaus freundlicher „Mensch". Ehe sie in der Früh in den Garten ging, wollte sie uns ausgiebig begrüßen. Nun krochen meine Frau und ich selten beide gemeinsam aus dem Bett. Je nach Laune stand einmal Heidi, dann wieder ich zuerst auf und ging ins Bad. Meist erst danach kroch der Partner aus den Federn. Manchmal war ich aber auch so müde, dass ich noch einen Moment länger liegen blieb oder gar spontan wieder einschlief. Wenn meine Frau dann mit Hexi nach unten gehen wollte, verlangte diese zuerst Einlass ins Schlafzimmer. Freudig und in etwas gestelztem Gang zottelte sie dann an mein Bett. Reagierte ich nicht gleich, stupste sie mich an oder begann leise zu „fiepen". Dem folgte eine ausgiebige Begrüßung. Erst danach zottelte sie zurück zu meiner im Gang wartenden Frau. Sie tat das selten, ohne nach wenigen Schritten stehenzubleiben und sich genussvoll zu strecken. Tat sie es ausnahmsweise einmal nicht, weil sie vielleicht doch dringend zum Nässen in den Garten musste, genügte von mir das Wort „strecken", und sie blieb stehen und streckte sich todsicher.

Die feinen Töne hören

Bei Jagdhundeprüfungen wird neben anderen Eigenschaften auch die Schussfestigkeit geprüft. Das heißt, Jagdhunde dürfen vor einem Schuss keine Angst haben. Je nachdem, wie ein Hund auf einen bei der Prüfung abgegebenen Schuss reagiert, wird eine Note vergeben. Manche Hunde verhalten sich stoisch ruhig oder zeigen sich freudig erregt, weil sie den Schussknall mit angenehmen Dingen verbinden. Andere zeigen sich eher ängstlich, zucken zusammen oder ergreifen gar die Flucht. Da unsere Hexi keine Ahnentafel hatte, durfte sie auch keine Prüfung ablegen. Gleichwohl zeigte sie sich schon im zarten Alter von vier oder fünf Monaten absolut schussfest. Zuerst reagierte sie gleichgültig, doch schnell hatte sie begriffen, dass nach einem Schuss etwas Angenehmes folgte. Manchmal war ein Reh im Schuss noch zwanzig oder dreißig Meter geflüchtet, ehe es verendet zusammenbrach, und sie durfte es nach einiger Zeit suchen. Dann war es natürlich ihre Beute, und sie war mächtig stolz. Immer aber durfte sie dabei sein, wenn ich das erlegte Wild versorgte, und immer fiel dabei für sie etwas ab. Bald nahm sie bei jedem Schuss freudig Erwartungshaltung ein.

Was sie überhaupt nicht mochte, das waren Böller und ähnlicher Lärm. An Silvester verkroch sie sich – wie viele andere Hunde auch – regelmäßig unter der Eckbank. Höchst unangenehm war es ihr, wenn unten im Dorf in aller Herrgottsfrüh zu einem Geburtstag geschossen wurde. Auch bei Hochzeiten krachte es oft den ganzen Tag immer wieder. Befürchtungen, sie würde ihre Schussfestigkeit verlieren oder gar ihre Lust, mit auf die Jagd zu gehen, waren jedoch völlig unbegründet. Auf Schüsse aus einem Jagdgewehr reagierte sie ihr ganzes Leben hindurch freudig erregt. Dabei war es völlig egal, ob wir uns in vertrauter Umgebung oder irgendwo in einer für sie fremden Gegend befanden.

Wenn wir daheim mit ihr spazieren gingen, und es krachte irgendwo, konnte es sein, dass sie sich umdrehte und nach Hause lief. Das absolut Verblüffende für uns war, wie exakt sie zwischen Böllerschüssen sowie sonstigem Knall einerseits und Schüssen aus Jagdgewehren andererseits zu unterscheiden wusste. Hier konnten wir uns auf ihre „Fachkenntnis" absolut verlassen. Dabei spielte es keine Rolle, ob der Schuss in unserer Nähe oder kilometerweit entfernt fiel. Der Jäger, der sich ja naturgemäß mit dem Knall von Schüssen und mit anderen Ursachen beschäftigt, weiß, wie schwer es manchmal ist, zu sagen, um was es sich konkret handelt.

Anfangs vermuteten wir, die Umgebung würde eine Rolle spielen, denn zweifellos sind Hunde zu einfachen Denkprozessen fähig. Und warum sollte Hexi, wenn sie sich mit uns im Wald befand, schussähnlichen Lärm nicht der Jagd zuordnen, gleichwertigen Lärm im Dorf aber nicht? Doch dem war nicht so. Fiel bei einem unserer Abendspaziergänge durchs Dorf oben am Berg ein Schuss, dann wurde sie sofort „dienstlich". Umgekehrt reagierte sie im Wald eher ängstlich, wenn weit außer unserer Sichtweite die Holzabfuhr laut krachend einen Stamm fallen ließ.

Der Schluss liegt nahe, dass irgendein unangenehmes Erlebnis Auslöser für dieses Verhalten war. Vielleicht hatten Halbwüchsige ihr einmal einen Böller vor die Füße geworfen? Vielleicht auch fiel irgendwann einmal in ihrer unmittelbaren Nähe etwas laut krachend zu Boden? Doch uns war nichts bekannt, und alleine war sie eigentlich nie unterwegs.

Hexi war und blieb ein „feingeistiger Mensch". Technische Geräusche waren ihr grundsätzlich zuwider, auch wenn sie keine Angst zeigte. Staubsauger, Bohrmaschinen oder Rasenmäher, die passten nicht in die von ihr erwünschte Welt. Wenn derartige Geräte in Aktion traten, verzog sie sich – sichtlich angewidert – einfach in einen anderen Raum.

Fliegt ein Stern am Himmel

Hexi hielt zu allen Tageszeiten und wo immer wir waren nach Flugzeugen Ausschau. Besonders intensiv tat sie das bei Nacht, wenn wir in warmen Sommernächten noch auf dem Balkon saßen. Dann lag sie immer neben uns und schaute in den Himmel. Sie registrierte die wandernden Lichtpunkte am Nachthimmel, lange bevor der Schall herunterfand. Angst hatte sie dabei überhaupt keine, eher schien es ihr Spaß zu machen. Auch wenn wir, was fast täglich der Fall war, oft spät in der Nacht noch ins Dorf hinunterwanderten, konnte es sein, dass sie unterwegs einfach stehenblieb und nach Flugzeugen Ausschau hielt.

Sie registrierte über uns hinwegfliegende Flugzeuge auch am Tage. Allerdings fielen ihr diese nicht so sicher auf wie am Nachthimmel. Ob sie die sich bei hoher Luftfeuchtigkeit schnell ausfransenden Kondensstreifen zunächst als Wolken ansah und die Flugzeuge erst in Verbindung mit dem nachfolgenden Schall erkannte, weiß ich nicht. Andererseits reagierte sie besonders erregt, wenn eine Maschine, bereits im Landeanflug auf Klagenfurt, recht tief flog und gut zu erkennen war.

2011 übersiedelten wir vom Bergwald hinunter nach Nötsch im Gailtal. Dort gibt es einen kleinen Flugplatz für Sportflieger. Vor allem im Landeanflug kommen die Segler und kleinen Motormaschinen in der Nähe unseres Hauses vorbei. Sie wirken dann schon richtig groß. Hexi hat sich nie an den Sportfliegern gestört. Wenn wir aber beim Spaziergang in die Nähe des Flugplatzes kamen, dann wollte sie nicht mehr weiter. Dann drängte sie auf Umkehr. Es hat rund ein Jahr gedauert, bis ihr auf dem Rollfeld geparkte und erst recht startende oder landende Flieger egal waren. Den Durchbruch schaffte sie, als ich im 2012er-Jahr an unserem neuen Wohnort mit auf die Jagd gehen durfte. Meist tat ich dies zu Fuß oder mit dem Fahrrad, und der Flugplatz war sozusagen die Pforte zum Revier. Für die Annehmlichkeit, mit zur Jagd zu dürfen, legte Hexi schließlich ihre Abneigung gegen Flieger am Boden oder in Bodennähe ab…

Jede Zeit hat ihr Ende

Als Hexi nicht mehr war, wurde uns von allen Seiten empfohlen, ganz schnell wieder einen Welpen anzuschaffen. Unsere Umgebung sah sich bemüßigt, nach Welpen und Junghunden Ausschau zu halten. Wir erhielten Anrufe und Hinweise, wo gerade ein Wurf erwartet werde oder schon vorhanden sei. Aber wir wollen keinen Hund mehr. Das heißt, wir wollen sehr wohl wieder einen Hund. Immer wieder reden wir davon, wie es war, als Hexi noch lebte. Dreimal täglich drehte meine Frau Heidi ihre Runde mit ihr, die letzte oft noch kurz vor Mitternacht. Keinen Schritt machte ich ins Revier ohne Hexi. Wo immer wir waren, ob daheim in Kärnten oder im Ausland, überall war Hexi dabei. Ohne sie hätten wir uns weit weniger bewegt, vor allem, wenn das Wetter grausig war. Der Hund war Mahnung und Nötigung, an die eigene Gesundheit zu denken. Wenn ich jetzt auf die Jagd gehe, fehlt sie an meiner Seite. Wenn ich auf ein Wild schieße, bin ich unsicher, denn was wird sein, wenn das beschossene Reh, der Fuchs, der Hirsch – trotz gutem Schuss – noch eine kurze Strecke flüchtet? Wie oft tut man sich unglaublich schwer, im hohen Wiesengras ein Reh zu finden, das maustot zusammenbrach! Es spricht so viel dafür, sich wieder einen Hund anzuschaffen.

Und doch: Ich bin jetzt über siebzig Jahre alt, meine Frau ist zwei Jahre jünger. Das ist ein Alter, in dem man nicht weiß, wie lange man noch ist. Und selbst wenn uns noch zwanzig Jahre beschieden sein sollten – wie lange sind wir noch wirklich mobil? Wir wollen nicht fragen, ob ein Hund noch unsere Ansprüche befriedigen kann. Es geht darum, ob *wir* noch für ein ganzes, dreizehn oder fünfzehn Jahre währendes Hundeleben geradestehen können. Gewiss, auch dreißigjährige Menschen haben keine Garantie auf Gesundheit und Leben, aber in unserem Alter kommen die Einschläge näher. Was wird sein, wenn wir gehen müssen? In unserer Familie ist niemand, dem wir den Hund anvertrauen würden. Soll sein Licht im Käfig eines Tierheims verblassen? Soll er irgendwo im Zwinger oder an der Kette eines Jägers oder eines Bauern enden? Vierbeinige „Jägerwaisen" gibt es mehr als genug, man schaue nur ins Internet.

So werden wir also dem Hunde zuliebe auf den Hund verzichten. Wir müssen und wollen akzeptieren, dass jede Zeit einmal zu Ende ist, auch die unsere. Wären wir dazu nicht bereit, wären wir erbärmlich!

Jetzt hockt man halt alleine draußen herum, weiß manchmal nicht mehr so recht, warum und wozu noch. Weit häufiger, als man schießt, schießt man nicht mehr, weil man sich inzwischen seiner ganzen trostlosen Krüppelhaftigkeit bewusst geworden ist. Man hat begriffen, dass der Mensch eben nicht als Jäger die Welt betrat, sondern allenfalls als Pflanzen- und Aasfresser, dass er eben überhaupt nichts hat, was ein Wesen ausmacht, das ohne technische Hilfe eine Beute fangen oder gar töten kann. Wir haben keine Beine, mit denen wir – Regenwürmer und Schnecken ausgenommen – eine Beute verfolgen und einholen können. Wir haben weder Fangzähne für einen Tötungsbiss noch einen hierzu brauchbaren Schnabel oder entsprechende Krallen.

Und dann sind da noch unsere Sinne: Augen, ideal zum Sammeln von Gräsern, Beeren und Münzen, aber schon in der Dämmerung versagend. Nicht zu vergleichen mit denen von Katze, Fuchs oder Eule. Ohren, ideal zum Festhalten von Brillenbügeln und Hörgeräten. Aber hören – was kann man mit unseren Ohren schon hören? Nicht einmal drehen und auf eine

Geräuschquelle fixieren lassen sie sich. Man beobachte einmal die Gehöre des Fuchses! Doch zu völligen jagdlichen Versagern macht uns der Geruchssinn. Gut, wir riechen Knoblauch und die unsere Riechzellen verätzenden Produkte der Kosmetikindustrie, vielleicht noch eine Kläranlage, aber damit hat sich's auch schon.

Wir sind dennoch relativ erfolgreiche „Scheinjäger" geworden, weil wir bereits in unserer Frühzeit einen Hang zur Technik entwickelten, die uns – trotz totaler Krüppelhaftigkeit – Beute machen lässt. Doch wir stoßen samt unserer faustischen Technik immer noch ganz schnell an Grenzen: Da geht das drunten in der Au beschossene Reh noch lächerliche fünfzehn Meter in die mannshohe Wildnis aus Goldrute, Springkraut oder Schilf, und du gehst einen Meter an ihm vorbei, ohne es zu finden. Da zieht der Knöpfler mit Vorderlaufschuss im hohen Zeugs keinen Schrotschuss weit vor dir her, und du bist unfähig, ihn mit Hilfe deiner Beine nach kurzer Hatz einzuholen, niederzuziehen und ihm dein Kassengebiss um die Drossel zu klammern.

Heute, in der Rückschau, war ich nie wirklich Jäger; ich hab's mir nur eingebildet. Ich war Begleiter, Chauffeur, Helfer und formal sogar vorgesetzter Kollege einer ganzen Reihe echter Jäger – meiner Hunde! Sie zeigten mir mit Nase und Verhalten, was es zu zeigen gab und was wichtig war. Sie gaben mir grünes Licht für den Schuss, und sie führten mich zu jenen Arbeiten, die einem Schuss folgen, zu denen auch ein Aasfresser und Schussauslöser fähig ist – aufbrechen, liefern, verbuchen, zerwirken, damit angeben, tottrinken.

Ich bin ein jägerlos gewordener Jagdgehilfe, einer, der noch schießen und aufbrechen kann, aber mehr nicht. Doch wer weiß, ob nicht irgendwann ein richtiger Jäger – ein Hund halt – vor mir steht. Einer, der die Jugend bereits hinter sich hat. Einer, dem der die Technik bedienende Mensch abhanden gekommen ist, und der mir anbietet, noch ein paar Jahre bei ihm diesen Part zu übernehmen. Nix is fix …

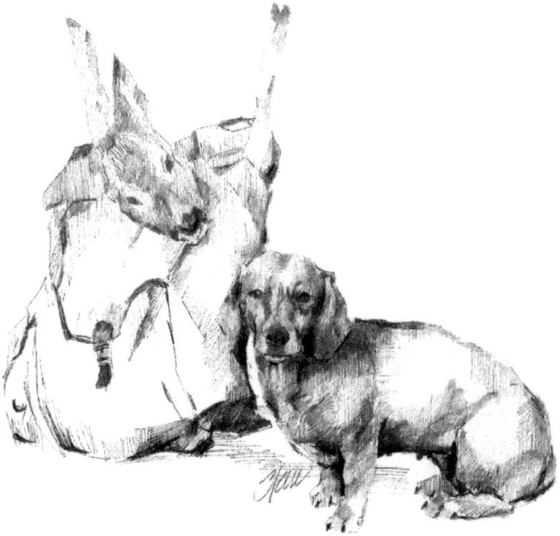

Von Bruno Hespeler

Jägerhandwerk

312 Seiten. Rund 200 Farbbilder.
Exklusiv in Leinen.
Preis: € 39.-

Wann jagt man auf welches Wild? Wo und wann setzt man sich an? Wie verwertet man welches Wild? – Ein Buch für Profis! Und für solche, die es werden wollen.

Riegeljagd

224 Seiten. Rund 120 Farbbilder.
Exklusiv in Leinen.
Preis: € 35.-

Alles, was für das Gelingen einer Riegeljagd notwendig ist. Vom Bau eines Drückjagdbockes bis zum Anschussprotokoll. – Mit Sicherheit zum Erfolg!

Österreichischer Jagd- und Fischerei-Verlag
1080 Wien, Wickenburggasse 3
Tel. +43/1/405 16 36   Fax +43/1/405 16 36/59
E-mail: verlag@jagd.at   Internet: **www.jagd.at**